Learn Italian with Short Stories for Adult Beginners

Shortcut Your Italian Fluency!
(Fun & Easy Reads)

Table of Contents

Chapter 1: Fiat o Ferrari? _____ *1*

   Fiat o Ferrari? _____ 1

   Comprehension Exercises _____ 6

   Answer Keys _____ 9

Chapter 2: Arlecchino e Colombina _____ *10*

   Arlecchino e Colombina _____ 11

   Comprehension Exercises _____ 18

   Answer Keys _____ 21

Chapter 3: Storie di Contrabbandieri _____ *22*

   Storie di Contrabbandieri _____ 23

   Comprehension Exercises _____ 27

   Answer Keys _____ 30

Chapter 4: Genies and Wishes _____ *31*

   Genies and Wishes 1 _____ 32

   Genies and Wishes 2 _____ 33

   Genies and Wishes 3 _____ 36

   Comprehension Exercises _____ 38

   Answer Keys _____ 42

Chapter 5: L'Anziana Proprietaria di Casa _____ *43*

   L'Anziana Proprietaria di Casa _____ 43

   Comprehension Exercises _____ 48

   Answer Keys _____ 51

Chapter 6: In Ritardo alla Stazione _____ *52*

In Ritardo alla Stazione _____ 52

Comprehension Exercises _____ 57

Answer Keys_____ 60

Chapter 7: L'Asino Che Dice l'Ora _____ **61**

L'Asino Che Dice l'Ora_____ 62

Comprehension Exercises _____ 67

Answer Keys_____ 71

Chapter 8: Marcone e Mariolino _____ **72**

Marcone e Mariolino _____ 72

Comprehension Exercises _____ 79

Answer Keys_____ 83

Chapter 9: Tutte le Strade Portano a Roma _____ **84**

Tutte le Strade Portano a Roma_____ 84

Comprehension Exercises _____ 90

Answer Keys_____ 93

Chapter 10: La Befana _____ **94**

La Befana _____ 94

Comprehension Exercises _____ 101

Answer Keys_____ 104

Chapter 11: I Giorni della Merla _____ **105**

I Giorni della Merla_____ 106

Comprehension Exercises _____ 113

Answer Keys_____ 117

Chapter 12: La Leggenda della Lupa_____ **118**

La Leggenda della Lupa _____ 119

Comprehension Exercises_____125

Answer Keys _____129

Chapter 13: La Leggenda di Scilla e Cariddi_____130

La Leggenda di Scilla e Cariddi _____132

Comprehension Exercises_____137

Answer Keys _____141

Chapter 14: La Leggenda delle Janas_____142

La Leggenda delle Janas _____143

Comprehension Exercises_____147

Answer Keys _____150

Chapter 15: Tre Leggende sul Diavolo _____151

Tre Leggende sul Diavolo _____152

Comprehension Exercises_____158

Answer Keys _____162

Italian Verbs Cheatsheets
Master Italian Verbs Today!

Scan QR code above to claim your free bonuses!

OR

visit exploretowin.com/italianbonuses

Ready to Sound Like an Italian Native?

Inside these 3 adult beginner-friendly Italian verbs cheatsheets, you'll find:

- ✓ Practical tenses for the most common Italian vocabulary
- ✓ Charts to help you master the conjugation of common Italian verbs
- ✓ Exercises to help you practice conjugating verbs in any tense

Scan QR code above to claim your free bonuses!

OR

visit exploretowin.com/italianbonuses

Introduction

"Una lingua diversa è una diversa visione della vita."
- Federico Fellini

Welcome to your new Italian book! Learning a language is a long and challenging journey, but it's also a beautiful, satisfactory, and empowering experience.

In this book, we do our best to <u>make learning as fun as possible,</u> presenting you with <u>amusing stories that are written in a simple language</u> that beginners can understand.

Our collection of short stories consists of 15 selected tales, which are specifically written for a reader that is not too proficient in Italian. Most of the stories take inspiration from popular tales from Italian <u>folklore,</u> or from the work of popular Italian comedians, while others portray <u>common situations</u> that a tourist might experience.

In this way, while learning the language, you'll have a chance to get to know more about Italian culture and traditions.

Each story is followed by <u>comprehension exercises that</u> will help you test out your general understanding of the passage.

Considering that nowadays it is quicker to ask your smartphone than to leaf through a book, we will not add an incomplete dictionary or glossary to the stories, but we will directly leave the translation in brackets when an uncommon word is used.

So, this is what you will find in the following pages. But before getting to it, let's spend a minute to discuss who can get the most benefits from this book and what strategies are best to achieve these results.

A. Who Needs This book?

This is a book for beginners, but it is pretty obvious that an absolute beginner cannot start by reading a book in the target language, as that is simply impossible without some sort of pre-existent knowledge.

Consequently, this book can be a great option for learners that are familiar with A1/A2-level Italian. On the other hand, students who mastered a B2 or higher level might find these stories enjoyable, but not very challenging in terms of language.

If you think that your level is not high enough to understand these stories, or if you realize that after starting the book, you can easily catch up with the basic knowledge by using our grammar book "Learn Italian for Adult Beginners: Workbook!" and/or our phrasebook "Italian Phrasebook for Adult Beginners: Speak Italian in 30 Days!".

We did our best to create a collection of books for beginners that tackle Italian from all sides, and provide a thorough and all-inclusive approach to the language. The main reason why we added this book to the collection is that reading is one of the best ways to learn vocabulary, which is one of the target goals of this book.

The obvious downside to reading is that it doesn't help with pronunciation. This is true with any language, but it is a lesser problem with Italian, as it is a phonetic language.

This means that, in Italian, groups of letters are always pronounced in the same way. For example, in English you cannot tell at first glance that words like "cough", "rough" or "though" have very different pronunciations. In Italian, on the other hand, you can tell for sure that words like "gnomo", "gnocchi" or "gnoseologico" have the same pronunciation for the -gno- group ('nyo... moh / k-kee / seh-oh-loh-djee-koh).

With this being said, if you want to learn pronunciation and cadence as you read through the stories, you can choose to get the audiobook version of this book; in this way you'll always learn the correct pronunciation and accent for every single word you read.

B. Learning Italian by Reading

Italian is not particularly difficult to read, and it is a language that lends itself well to writing. Italian literature is rich and appreciated all over the world, with some of the works being considered among the best masterpieces of all time.

Being a phonetic language, Italian is perfect for poetry as you can easily work with syllables and rhymes. This is one of the reasons why it lends itself so well to artistic writing, along with the rhythmic cadence and flexibility of word order.

Becoming proficient in reading Italian will give you the keys to a whole new world of literary wonders, from the present and from the past.

Let's now spend a word to discuss the type of Italian you will find in this book. As we mentioned, the level of Italian used for the stories is an A1/A2 level, which means that the verbal tenses you need to know are *presente*, *passato prossimo*, *imperfetto* and *futuro*, along with the *infinito* mood.

You might encounter some verbs that have a particular construction and that are usually considered above the A2 level, but that will not hinder the comprehension of the text; just consider it a spoiler of your future grammar lessons.

In terms of nouns, you might notice some modified nouns (in case you don't know, in Italian nouns can be modified, with a suffix, in order to add a simple adjective like "bad" or "big" into the word, as in: casa = house ; casona = big house), but they're not frequent as they're above an A2 level (the translation will be provided).

Adjectives, adverbs and prepositions should not be a problem for an A1/A2-level student, besides having to learn some new vocabulary.

C. Reading in a Foreign Language

Let's talk about the best <u>strategies to get the most out of this book</u>. When you read in a foreign language, especially if you're not particularly proficient, you don't want to stop on every single word that you don't know to look for the meaning.

If you do that, reading will feel boring and very time-consuming. What you should do is enjoy the read, and forget about anything that does not influence your understanding of the general story.

Just skip the words that you don't know, and don't worry about them. You can always come back to those parts if you're not sure that you got the passage right. Remember that your main goal should be understanding the stories, not the language itself.

You will see that, as you move on, you'll start remembering more and more vocabulary in a nearly effortless way. If you want a more active approach to learning vocabulary, the best strategy is to focus on the words that show up more often and prioritize them.

We do not really suggest adding extra effort by taking notes, analyzing grammar or building your own glossary with the new vocabulary that you encounter. These strategies might not be useless, but that is not the most effective way to improve, especially in terms of effort VS results.

Simply read the stories and enjoy them, that will do the trick. But if you really want to study even harder, you can always go back and read the stories for a second or third time, focusing on the words that you had overlooked or that you have not committed to memory yet.

Chapter 1: Fiat o Ferrari?

Our first story takes inspiration from a popular Italian "barzelletta", which is a short and funny story that is meant to make people laugh.

The passage that we're going to read tells a story about two cars, an old Fiat 500 and a brand-new Ferrari F8, and the relative owners. Italy has a long tradition of car manufacturing, like many other countries in Europe, and Fiat and Ferrari are two among the best-known Italian car brands.

In order to understand the story, it might help to know that Ferrari makes luxurious supercars, while Fiat mostly makes low-end city-cars and vans. Also, notice that in Italy cars are usually much smaller than in the US, and a sports car is considered to be a rather large car for Italian roads and parking spots.

Fiat o Ferrari?

Un bel giorno, un ricco signore di nome Luca, decide [decides, fixes to] di comprare un'auto di lusso [luxury], una supercar velocissima per far sbavare [drool] tutti i suoi amici. Così [like so, consequently] va in un concessionario [car dealer] Ferrari e chiede di vedere la macchina più veloce in negozio.

Il venditore [seller] gli consiglia [suggests] la nuovissima Ferrari F8 Tributo che hanno appena [just] messo in esposizione [exhibition]. È una bellissima auto, di un rosso fiammante [flaming], un vero spettacolo [a spectacle → spectacular] per gli occhi e un fulmine [lightning] da guidare.

"Ma è veloce?" - chiede Luca.

"È una delle Ferrari più veloci mai* prodotte" - risponde il venditore - "Le garantisco che non ha nulla da invidiare [envy] a nessuna delle altre supercar sul mercato [market]".

Luca, convinto dalle parole del venditore, decide di ordinare una Ferrari F8 Tributo rossa, come quella vista in esposizione.

Dopo qualche mese, finalmente, l'auto è pronta per il ritiro [pick up]. Luca va subito al concessionario per prendere la sua nuova Ferrari e, intanto [meanwhile], telefona ai suoi amici per organizzare un'uscita [going out together] e far** vedere loro la macchina nuova.

Così, prende la sua nuova auto rossa fiammante e guida verso [towards] l'autostrada [highway] per raggiungere i suoi amici. Ad un certo punto, però *[but, however]*, inizia ad avere un po' [un poco → a little] di fame, probabilmente a causa [because of] di tutta l'eccitazione [excitement] del momento.

Decide quindi di fare uno stop in un Autogrill***. Arrivato ai parcheggi [parking spots], vede che sono tutti occupati tranne uno, che però è un po' stretto per la sua larghissima supercar.

Infatti, sulla destra c'è un muretto [low wall], mentre sulla sinistra c'è una Fiat 500 gialla, parcheggiata [parked] con il muso [snout → front] verso [facing] la strada.

Entra quindi di muso [front-first] nel parcheggio e rimane [stays] il più possibile vicino [close] alla 500, perché le macchine hanno l'assicurazione [insurance] mentre [while] i muretti no*, e non si sa mai ["you" never know].

A fatica [struggling to do so], esce dall'auto e cammina verso il ristorante per prendere un bel Camogli, il suo panino [sandwich] preferito [favorite]**. Finito di mangiare, torna verso [goes back towards/to] la macchina per andare dai suoi amici.

Arrivato alla macchina, però, vede che anche il proprietario della 500 vuole salire [get on] sulla sua auto nello stesso [same] momento. Era un uomo basso, sulla cinquantina [50-ish years old], con uno strano cappello [hat], una camicia scozzese [made of tartan] e dei pantaloni di velluto [velvet] sorretti [held up] da delle bretelle [suspenders].

Lui, il proprietario di una nuovissima Ferrari rossa fiammante, non può di certo [definitely] cedere il passo [cede the step → give way] ad un omino [little man] così bizzarro [bizarre], e quindi accelera [accelerates] il passo [step, pace] e cerca di entrare in macchina.

Nemmeno [not even, doesn't too] il proprietario della 500 vuole però cedere il passo, e quindi si spintonano [push/shove each other] finché [until] entrano entrambi [both] nelle loro auto.

Luca, arrabbiato [angry, upset] per l'arroganza dell'altro signore, esce in fretta e furia [fast and furious] dal parcheggio e torna in autostrada. Entra nella corsia [lane] e inizia ad accelerare come un pazzo [crazy person]; in pochi secondi arriva a 130 km/h***, e sorride [smiles] felice delle prestazioni [performance] della sua auto.

Dopo pochi secondi, però, vede comparire la 500 gialla, che sfreccia [goes like an arrow (freccia)] sulla sua sinistra e lo sorpassa [takes him over] in un attimo [moment].

Sorpreso [surprised] da questo affronto, inizia a schiacciare [push] sul pedale e sorpassa nuovamente [again] la 500. Arriva così a quasi 200 km/h [125 mph]. Dopo poco, però, incredibilmente vede la 500 comparire [appear] nuovamente nello specchietto laterale [side mirror]. La 500 lo supera una seconda volta [time].

"Non si è mai vista una 500 andare a 200 km/h, ma com'è possibile?" - pensava Luca - "Va beh**** vediamo fino a quanto la può spingere allora [then]!"

* The verb is implied → I muretti non hanno l'assicurazione.
** Camogli is Autogrill's most famous sandwich, and it is a simple cheese-and-ham sandwich with focaccia instead of bread.
*** 80 mph, the speed limit on Italian highways.
**** Va beh → Va bene → "Oh, well".

Così, inizia a schiacciare sul pedale come se non ci fosse un domani [like there's no tomorrow] e dopo pochi secondi arriva a 340 km/h [210 mph], la velocità massima della sua auto.

Eccitato e quasi spaventato [almost frightened] dalla sua stessa auto [his same car → his own car], è oramai [by now] convinto [certain, convinced] di aver seminato [IDIOM: to seed = to leave behind] quella vecchia Fiat 500.

Dopo un attimo, però, un pallino [spot] giallo inizia a comparire nel suo specchietto laterale. La Fiat 500, per la terza volta, lo supera. A 340 km/h [211 mph].

Luca, scioccato [shock] e senza parole [speechless] decide di fare nuovamente uno stop in Autogrill, per riposare [rest] e per chiamare il rivenditore al telefono. Ci doveva essere qualcosa che non va [IDIOM: something that goes = something that works] con la sua auto o con la strumentazione di bordo [dashboard].

Appena [as soon as] arrivato al parcheggio, però, vede la fiat 500 arrivare sulla sua sinistra e parcheggiare di fianco [next to] a lui.

Aveva così tante domande da fare al proprietario della 500. Che motore aveva? Quale meccanico l'ha preparata [prepared, tuned]? Come faceva a frenare [brake] con dei freni [brakes] così piccoli a quella velocità?

Mentre Luca era sul punto di scendere [get down/off] dall'auto, però, sente bussare [knock] al finestrino [car side-window]. Era il proprietario della 500.

"Mi scusi" - dice a Luca - "Può per favore aprire la portiera [car door] della sua auto? Mi ci sono rimaste incastrate [stuck] le bretelle!"

E così è finita la storia, che da un dilemma meccanico si è trasformata in un dilemma sartoriale.

Comprehension Exercises

1. Where did the two protagonists meet?

    A. In school
    B. In the parking of a church
    C. In the parking of a restaurant
    D. At work
    E. In the parking of a mall

2. What color were the two cars?

    A. Blue and purple
    B. Red and yellow
    C. Black and white
    D. Green and white
    E. Both white

3. How can you say "in a moment" in Italian?

    A. In un attimo
    B. In una momenta
    C. In uno momento
    D. In una attima
    E. In una momento

4. What was the secret beyond the Fiat 500's speed?

    A. A powerful engine and a good mechanic
    B. A magic spell
    C. A lot of drugs
    D. A silly joke about suspenders
    E. It was just a dream

5. What was Luca's final destination on the highway?

A. The car dealer
B. The mall
C. Autogrill
D. A themed party
E. A meetup with his friends

6. Why did Luca park next to the Fiat 500?

    A. Because it was the closest spot to the entrance
    B. Because it was the only available spot
    C. Because he likes yellow
    D. Because he doesn't like short walls
    E. Because he wanted to belittle the 500's owner

7. Which of the following adjectives do you think that describe Luca the best?

    A. Humble and Honest
    B. Tall and Clumsy
    C. Proud and Arrogant
    D. Introspective and Deep
    E. Nice and Funny

8. Why did Luca park so close to the Fiat 500?

    A. Because he's thin and he could pass easily
    B. Because he wanted to annoy the other owner
    C. Because he wanted his car to stay warm
    D. Because he was hungry and late, as his friends were waiting for him
    E. Because his car is large, and he wanted to stay away from the wall

9. Who was the best driver?

    A. Luca
    B. The 500's owner

C. They were both equal

D. We don't know

E. They were both terrible drivers

10. Why did Luca buy the Ferrari in the first place?

    A. Because he had always wanted one
    B. Because he wanted to show it off
    C. Because he likes racing
    D. Because it was a gift for a girl
    E. Because he knew how to drive

11. What did Luca eat?

    A. Pizza
    B. A sandwich
    C. Pasta
    D. A steak
    E. Dust

12. How would you describe the owner of the Fiat 500?

    A. Elegant and classy
    B. Rude and arrogant
    C. Smart and perspicacious
    D. Quirky and particular
    E. Boring and annoying

Answer Keys

1 → C

2 → B

3 → A

4 → D

5 → E

6 → B

7 → C

8 → E

9 → D

10 → B

11 → B

12 → D

Chapter 2: Arlecchino e Colombina

This story is about a young man named Arlecchino and his beloved Colombina. Arlecchino and Colombina are traditional characters of the Italian "commedia dell'arte" (comedy of art), a type of show that was popular in the 16th century. There are a couple of dozens of these characters, which nowadays are still portrayed in the various parades and shows during the carnival. Most of these characters belong to a specific city, and Arlecchino is the *maschera* from Bergamo, which is a city in the north of Italy, 30 miles far from Milan.

There are various stories that rotate around these characters, and various versions of these stories were passed on through time. The passage that we're going to read tells a story about how the two characters met and how they fought to stay together.

Arlecchino (Harlequin) is one of the most famous *maschere,* and it appears in numerous works of various kinds, like the renowned opera "Pagliacci" by Ruggero Leoncavallo, or the famous painting "Le Carnaval d'Arlequin" by Joan Mirò. Also, the Marvel character Harley Queen is partially based on Harlequin, as the name and costumes would suggest.

This character is so deeply linked with Italian history and culture that it entered the Italian dictionary (together with a few other characters). In fact, "arlecchino" can be used as a noun (*un arlecchino*) for someone who's unreliable, inconstant and who does not take things seriously. In addition, "arlecchino" can be used as an adjective to describe multicolored items (*un ombrello arlecchino*, an umbrella with many different colors, typically shaped in lozenges). This is because of the clothes he wears.

Arlecchino e Colombina

C'era una volta [there was once → once upon a time] un giovane uomo di nome Arlecchino, un ragazzo povero che indossava [was wearing] uno strano vestito con moltissimi colori. Il ragazzo era molto povero e quel vestito l'ha fatto lui con dei pezzi di tessuto [fabric] trovati in giro [in giro = around].

Un bel giorno, vede per strada un anziano signore di nome Pantalone, che picchiava [was hitting] un povero ragazzo:

"Sei licenziato! [you're fired]" - dice Pantalone - "Sei un pessimo garzone [handyman]".

"Non essere così [like so] severo [strict, hard] con lui, papà" - dice una voce femminile.

Era la figlia di Pantalone, la bellissima Colombina. Appena la vede, Arlecchino si innamora [falls in love] di lei immediatamente. Ma come può un povero ragazzo pensare di sposare [to marry] una ragazza nobile?

Con questi pensieri in testa, Arlecchino si avvicina a Pantalone:

"Mio buon signore" - dice Arlecchino - "Se cerca un bravo garzone posso essere di aiuto. Ho molta esperienza in questo settore."

E così Pantalone decide di assumere [to take on] Arlecchino, che è contentissimo di poter passare più tempo vicino a Colombina.

Purtroppo [unfortunately], Arlecchino non era il solo a cui interessava Colombina. C'era un altro giovane, di nome Brighella, che mandava fiori e poesie a Colombina, ma lei non lo poteva proprio sopportare [she couldn't stand him].

Un giorno, mentre lavorava, Arlecchino vede Colombina piangere [to cry] sulle scale.

"Che succede?" - chiede Arlecchino.

"È quello stupido Brighella. Continua a dire in giro che ci sposeremo. Non è vero. Non lo voglio sposare. Ha inventato [he made up] tutto." - dice Colombina in lacrime [tears].

"Non preoccuparti [don't worry]" - risponde Arlecchino - "Lo sfiderò [I'll challenge] a duello!"

Colombina inizia a ridere: "Hahaha, ma chi vuoi sfidare tu?! Non sai combattere! [fight]"

I due iniziano a ridere assieme [toghether]; l'offerta di Arlecchino era stupida, ma Colombina apprezza il gesto. Quell'Arlecchino non era poi così male dopotutto [after all].

Pantalone, che ha sentito le risate [laughter], esce dalla casa e urla ad Arlecchino:

"Cosa fai?! Ti pago per lavorare, non per parlare con mia figlia!"

Arlecchino saluta [says bye] Colombina e torna [gets back] subito a lavorare. Colombina sembrava interessata a lui ora, ma come fare con Pantalone? Se lui non approva, non c'è nulla da fare.

Un giorno, però, Arlecchino vede un'occasione. Era qualche giorno che Pantalone non si sentiva molto bene, aveva la febbre [fever, temperature] e continuava a tossire [cough]. Quando Pantalone chiede ad Arlecchino di chiamare un dottore, Arlecchino decide di travestirsi [to disguise himself] da medico e torna quindi da Pantalone.

Arlecchino, travestito da dottor Balanzone, visita Pantalone e gli dice che soffre di una malattia [illness] rara e potenzialmente mortale [deadly].

"Cosa posso fare, dottor Balanzone?" - chiede Pantalone.

"Le sue probabilità di sopravvivere [survive] sono scarse, ma se prende questa medicina ed è molto fortunato sopravviverà". - dice Arlecchino, mentre dà al dottore una bottiglia di semplice sciroppo.

A questo punto compare [shows up] Colombina, che ringrazia [says thank you] il dottore per il suo aiuto, senza sapere che quello era in effetti [actually] Arlecchino.

"Posso fare qualcosa anche per lei?" - chiede Arlecchino.

"Beh [well], è da un po' di tempo che soffro di mal di testa [headache]" - risponde Colombina.

"Sarà forse perché ha troppi uomini che la inseguono [chase you]" - dice Arlecchino.

"Dottore, ma com'è perspicace [perceptive]! In effetti, c'è un certo [certain] Brighella che mi dà molto fastidio [bother], e non è l'unico.

Ci sono anche altri uomini troppo fastidiosi [annoying]." - risponde Colombina.

"Per questo c'è una soluzione! Usi questo." - dice arlecchino mentre dà a Colombina un bastone [stick] - "Questo rimedio [remedy] si chiama Bastone Dissuasore [Dissuading Stick] ed è molto semplice da usare; ogni volta [every time] che un uomo fastidioso flirta con lei, lei lo colpisce [strike] sulla testa con questo rimedio."

Detto questo, Arlecchino travestito da Balanzone lascia la stanza e saluta padre e figlia.

Qualche giorno dopo, Arlecchino sente Pantalone parlare con la Figlia:

"Che bravo quel dottor Balanzone! Mi ha salvato la vita!" - dice Pantalone.

"Hai ragione [you're right] papà! È molto bravo, ha risolto [solved] anche il mio problema." - risponde Colombina - "Ho visto ancora quel Brighella, e quando mi ha dato dei fiori gli ho dato una bella botta [hit] sulla testa e lui non è più tornato! Che rimedio miracoloso che mi ha dato il dottor Balanzone!"

Arlecchino, soddisfatto [satisfied] del risultato ottenuto, decide quindi di tornare da Pantalone, nuovamente [again] travestito da dottore. Pantalone gli fa i complimenti [compliments him] e lo ringrazia per avere salvato la sua vita. Arlecchino, travestito da Balanzone, dice di essere contento per la buona salute di Pantalone e, dopo avere chiesto di Colombina, chiede a Pantalone se la figlia è single.

"Mi spiace dottore. Lei è sicuramente un buon partito, ma appena [just] ieri ho accettato la proposta di matrimonio [marriage proposal] del capitano Spaventa. È un uomo rispettabile e vuole sposare mia figlia." - risponde Pantalone.

"No papà, io non lo sposerò mai! È vecchio e vuole sposare me solo per i miei soldi, per i tuoi soldi!" - dice Colombina, appena entrata nella stanza.

"Non essere sciocca [silly] figlia mia. Il capitano Spaventa è un buon partito e tu sei in età da matrimonio. La cosa è già decisa." - risponde Pantalone.

Colombina corre via in lacrime, mentre Arlecchino/Balanzone saluta Pantalone e va via anche lui.

Ancora travestito da Balanzone, Arlecchino raggiunge [reaches, catches up with] Colombina:

"Stai calma, ho un piano" - dice arlecchino mentre si toglie [takes off] il travestimento [disguise] - "Sono io, Arlecchino! E ho un piano per risolvere il problema del capitano Spaventa."

"Arlecchino? Perché sei travestito da medico?" - Risponde colombina.

"Perché volevo fare buona impressione con tuo padre, e con te, perché ti amo!" - dice Arlecchino - "ti amo dal primo momento che ti ho vista, e voglio stare con te, ma tuo padre non accetterà mai perché sono povero. Quindi ho deciso di travestirmi da dottore." - dice Arlecchino - "E ho anche una soluzione per risolvere il problema del capitano Spaventa".

"Secondo me [according to me → in my opinion] tu sei pazzo, ma sentiamo questa idea". - risponde Colombina.

"Se non l'hai notato" - dice Arlecchino - "sono abbastanza [quite] bravo con i travestimenti. Il capitano Spaventa non ti ha mai vista di persona [in person], giusto?"

"Esatto [correct]" - risponde Colombina.

"Allora facciamo [let's do] così [like so]" - continua Arlecchino - "Dai il tuo vestito a me. Mi trucco da donna brutta e fingo [pretend] di essere te. Sono certo che il capitano Spaventa non sarà più così sicuro [sure, confident] di volere questo matrimonio."

Detto questo, Arlecchino si traveste da Colombina e va al porto [dock], dove incontra [meets] il capitano Spavento.

"Capitano Spavento, ma che piacere [what a pleasure (to meet you)]" - dice Arlecchino - "Sono Colombina e non vedevo l'ora [I couldn't see the time to → I couldn't wait to] di conoscerti. So che hai chiesto a mio padre di sposare me, e devo dire che sei proprio un bell'uomo".

Il capitano Spaventa, spaventato dalla vista di una donna con dei tratti [traits] un po' troppo maschili, per i suoi gusti [taste], non sapeva cosa dire.

"Ci deve essere stato uno sbaglio" - dice finalmente [finally] il capitano Spaventa - "Era uno scherzo [joke], ero ubriaco e non dicevo sul serio [for real]. Porta le mie scuse [apologies] a tuo padre".

Contento del risultato ottenuto Arlecchino torna da Colombina per dare a lei la bella notizia. Il problema era risolto, ora bisognava solo mettere in scena [to stage] l'atto finale.

Il giorno dopo, Arlecchino, travestito da Balanzone, incontra Colombina, e assieme [together] vanno da Pantalone, per dichiarare a lui il loro amore.

"Siamo innamorati [in love] e vorremmo il suo consenso per questo matrimonio" - dice Arlecchino/Balanzone.

"Che piacevole [nice] sorpresa" - dice Pantalone - "Ho appena saputo che il capitano Spaventa non vuole più sposare mia figlia, e ho già trovato un sostituto! E poi un uomo rispettabile come lei, dottor Balanzone".

E così Arlecchino e Colombina diventano marito e moglie, sotto falso nome, per poi trasferirsi [move to] in un'altra città, dove sono vissuti per sempre felici e contenti [happily ever after].

Comprehension Exercises

1. Why does Arlecchino think that Pantalone won't let him marry his daughter?

    F. Because he's not good-looking
    G. Because he's poor
    H. Because of his family
    I. Because his daughter is already married
    J. Because his clothes are quirky

2. Who does Colombina hit with a stick?

    A. Brighella
    B. Capitano Spaventa
    C. Pantalone
    D. Balanzone
    E. Arlecchino

3. Why does Arlecchino pretend to be a doctor?

    A. Because he needs money
    B. Because he wanted to enter the house
    C. Because that was the only available disguise
    D. Because Colombina is into doctors
    E. Because he wanted to make a good impression on Pantalone

4. Where was Colombina crying?

    A. In her room
    B. In the garden
    C. On the balcony
    D. On the stairs
    E. In the kitchen

5. How does captain Spaventa manage to call off the wedding?

F. He says that he's already married
G. He pretends he's about to leave for a long voyage
H. He says that he was drunk and proposed by mistake
I. He says that he's more into boys
J. He admits to having cheated on his fiancée

6. Why does Colombina fall in love with Arlecchino?

    A. Because he'd fight for her
    B. Because he became rich
    C. Because he's the only man around her
    D. Because he's very attractive
    E. Because she wants to please her father

7. Arlecchino is very good at:
    A. Eating large amounts of food
    B. Pretending he's someone else
    C. Dancing Mazurka
    D. Running long distances
    E. Pickpocketing

8. At the beginning of the story, Arlecchino wants to:
    A. Kill his girlfriend's father
    B. Leave for a foreign country
    C. Buy a new house
    D. Win a girl's heart
    E. Leave his job

9. Who's Arlecchino's rival in love?
    A. Brighella
    B. Pantalone
    C. Balanzone
    D. Colombina
    E. Captain Speranza

10. How does the story end?
    A. Arlecchino falls in love with Brighella
    B. Arlecchino marries Colombina
    C. Arlecchino kills captain Spaventa
    D. Arlecchino dies in an accident
    E. Arlecchino finds a new job

11. Why does Brighella stop courting Colombina?
    A. Because she hit him with a stick
    B. Because he meets a girl he likes more
    C. Because he runs out of money
    D. Because he chooses to become a priest
    E. Because he lost interest

12. Why does captain Spaventa want to marry Colombina?

    A. Because he thinks she's beautiful
    B. Because he wants an heir
    C. Because of her family's money
    D. Because he needs citizenship
    E. Because of a bet

Answer Keys

1 → B

2 → A

3 → E

4 → D

5 → C

6 → A

7 → B

8 → D

9 → A

10 → B

11 → A

12 → C

Chapter 3: Storie di Contrabbandieri

Our next story takes place on lake Como, in the north of Italy. This area of the country is mostly mountainous, with peaks and valleys covering all the area around the lake. West of lake Como, the Swiss border lies amidst forests and mountains for over 60 miles.

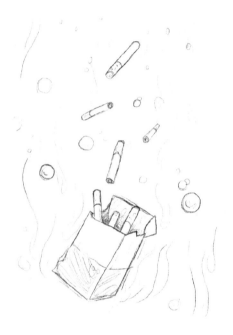

In this area, like in all places near the Swiss border, smuggling used to be a common activity, and many people made a living by illegally transporting goods to Italy from Switzerland. This was done by foot, following hidden trails in the woods, and carrying the goods in a particular jute "backpack" called "bricolla". The protagonist of our story is a smuggler, "un contrabbandiere".

This phenomenon was particularly common during the period between the 1850s and the early 1970s, when factors such as taxes, currency exchange rates, and the difference in income between the two countries made smuggling a particularly profitable activity.

The type of goods that were smuggled varied depending on the historical period; for example, during the first and second world wars, the smuggling activities were mostly focused on foodstuffs, for which there was high demand. In more recent years, especially between the 50s and 70s of the past century (which is when our story takes place), cigarettes were certainly the most smuggled item.

Although many are the legends revolving around these smugglers and their job, our story is based on real events, and it gained great popularity thanks to a song by the local singer Davide Van de Sfroos.

Storie di Contrabbandieri

In un piccolo paesino [little village]sul lago di Como vive un ragazzo soprannominato [nick-named] Cimino. La sua famiglia non è mai stata in situazioni economiche particolarmente felici, e dall'età di 14 anni ha iniziato a lavorare come contrabbandiere.

Ogni volta, deve andare a piedi fino in [all the way to] Svizzera, dove prende le sigarette in un magazzino [warehouse] e le mette nella bricolla per poi tornare a piedi fino a casa, dove può rivendere [resell] le sigarette.

La strada per arrivare in svizzera non è facile da fare; il sentiero [trail, path] nascosto [hidden] è stretto, e passa dentro i boschi [boschi], dove i rami [branches] degli alberi impediscono [impede] il passaggio. È necessario procedere piano, schivare [dodge] i rami e stare attenti [be careful] a non essere visti.

Da un lato, quello [the...one] svizzero, ci sono gli agenti [officers] svizzeri che gli danno la caccia [hunt him down]. Dall'altro lato, quello italiano, ci sono gli agenti della Guardia di Finanza*: i finanzieri.

Quando sta nei boschi, mentre cammina per i sentieri su e giù per i monti, è difficile essere visti, quindi Cimino è abbastanza [quite] tranquillo [calm]. Nei punti di passaggio, però, spesso gli agenti svizzeri e i finanzieri stanno lì ad aspettare i contrabbandieri.

Certo, quella di Cimino è una vita rischiosa [risky], ma di questi tempi [these days] non è facile trovare lavoro. Fare il [working as] contrabbandiere non è il massimo, ma almeno [at least] così riesce [can, manages to] a portare un po' di soldi a casa.

Un giorno, nel mezzo della sua solita [usual] routine di lavoro, Cimino percorre il sentiero nei boschi con la sua bricolla piena di sigarette. Ha appena lasciato il magazzino in Svizzera e deve camminare lungo [along] tutta la strada fino a oltre [beyond] il confine, dove in Italia lo aspettano [wait for him] per la consegna [delivery].

Ad aspettare Cimino c'è una barca [boat], sulla costa [coast] del lago, e i colleghi che prenderanno in consegna le sigarette. Non è da solo [alone] in questo viaggio; ci sono altri contrabbandieri che devono fare lo stesso percorso [route], ma cercano [try] di rimanere lontani [far] tra di loro [from each other], per dare meno nell'occhio [IDIOM: dare nell'occhio = to give in the eye → to attract attention].

* Guardia di Finanza is a police force that looks after tax violations.

Per lo stesso motivo [reason], evitano [avoid] di fare rumore mentre camminano nei boschi. Quel giorno, però, qualcosa sembrava* diverso [different] dal solito.

Arrivato quasi a destinazione, Cimino ha l'impressione di percepire qualcosa [something] di strano [strange], ma ha un orario [schedule] da rispettare, e prosegue [carries on] lungo il percorso.

Arriva fino alla strada [road] che passa lungo tutta la sponda [shore] del lago, dove una ripida [steep] discesa [declivity, slope] porta [brings] poi al lago. Arrivato alla strada, però, ecco [here is] il suo peggiore incubo.

Dal lago compare una barca grigia con il logo della Guardia di Finanza. Contemporaneamente [at the same time], ecco arrivare in lontananza il suono delle sirene delle automobili dei finanzieri.

Cimino non sa cosa fare. Quando ti vedono, non puoi fare altro [other, else] che provare a scappare [run, escape]. Almeno questo è quello che uno fa di solito. Ma cimino è bloccato [stuck]! Dietro di lui c'è la ripida salita [climb, rise] da cui è appena sceso: una salita troppo impegnativa [demanding] per le sue stanche gambe. Non può pensare di essere più veloce di otto, dieci o magari [maybe] anche dodici finanzieri con le gambe ben riposate [rested]!

Da destra arrivano i suoni delle auto della Finanza, e anche scappare a sinistra lungo la strada non ha senso, visto che le macchine lo possono raggiungere [catch up, get to] in un attimo. Davanti a lui, invece [alternatively], ci sono le fredde acque del lago.

Per prima cosa, decide di togliere [take off] la maglietta, una Lacoste gialla e blu che dava decisamente [definitely] troppo nell'occhio. La lancia [throws] nel lago e si nasconde [he hides] tra i cespugli [bushes] sulla rupe [cliff].

Nascosto in silenzio, Cimino spera di non essere visto dai finanzieri, ma, quando vede le Alfa Romeo [car brand] grigie rallentare [slow down] anziché [instead of] proseguire [carry on], capisce che l'hanno visto.

"Non mi farò mai prendere qui" - pensa Cimino. E così, mollata [dropped] la bricolla, si tuffa [he dives] nel lago con l'eleganza e la classe di un piccolo elefante spaventato [frightened].

Nuota [swims] sott'acqua per non essere visto e raggiunge una parte della sponda dove ci sono delle piante sotto cui si [himself] può nascondere. Da lì, procede lentamente fino a una riva coperta [covered] dalle piante, dove può stare nascosto fuori dall'acqua.

In silenzio nel suo nascondiglio [hiding place], aspetta e spera di uscire da questa brutta situazione.

* In Italian the verb "sembrare" is used for "to look", "to feel", "to seem" and "to sound".

Da lì non può vedere quello che succede [happens], ma sente [hears] tutti i rumori attorno [around] a lui. Sente grida, spari e rumori di persone che corrono.

La situazione va avanti [goes on] così oramai da quasi un'ora. Cimino ha freddo [is cold] e ha i pantaloni tutti bagnati [wet]. Deve per forza [necessarily] togliere i pantaloni per non morire di freddo.

Mentre toglie i pantaloni [trousers], tra l'altro [among the other things], nota [notices] di aver perso il portafogli [wallet]. Che giornataccia [bad day]!

L'inseguimento [chase] tra i finanzieri e i suoi colleghi prosegue per ore, mentre Cimino, nel suo elegante outfit (un paio [pair] di scarpe di tela [canvas] e degli slip bianchi), rimane nascosto sulla rupe.

Dopo nove lunghissime ore, il caos è finito. La Guardia di Finanza è andata via e Cimino è finalmente salvo [safe, saved].

Quel giorno cimino ha perso il suo carico [load] e non ha potuto essere pagato [paid], ma ha guadagnato [earned] una storia da raccontare [tell, narrate] ed ha avuto la fortuna di tornare a casa anziché finire [end up] in prigione.

Comprehension Exercises

1. What was Cimino smuggling across the border?

    A. Food
    B. Water
    C. Cigarettes
    D. Drugs
    E. Cash

2. What route did smugglers use to take?

    A. A trail in the woods
    B. The main road across the border
    C. A secondary road that goes around the border checkpoint
    D. They sailed across the lake
    E. They walked through the swamp

3. Why did Cimino jump into the lake?

    A. Because he was being chased by the police
    B. Because he was being chased by the finanzieri
    C. Because he was being chased by the Swiss agents
    D. Because he thought the water was shallow
    E. Because he wanted to get on the boat that was waiting for him

4. Where did Cimino hide from the agents?

    F. In a bush
    G. In a van
    H. In the woods
    I. In a pub
    J. On a cliff

5. What did Cimino lose when he dived into the lake?

A. His t-shirt
B. His wallet
C. The cigarettes
D. His phone
E. His dignity

6. How old was Cimino when he started smuggling?

    A. 19
    B. 14
    C. 24
    D. 29
    E. 31

7. Why does Cimino take off his t-shirt?

    A. Because it was wet
    B. Because his back was itching
    C. Because he needed to make a bandage
    D. Because it was in bright colors
    E. Because he wanted to show off his abs

8. Why did Cimino work as a smuggler?
    A. He wanted to follow in his father's footsteps
    B. He liked hiking
    C. He couldn't find a different job
    D. He wanted to win over a girl's heart
    E. He enjoyed the free cigarettes

9. What color are Guardia di Finanza vehicles?
    A. Grey
    B. Blue
    C. Black and white
    D. Yellow
    E. Blue and white

10. How does the story end?
    A. Cimono gets arrested
    B. Cimino drowns in the lake
    C. Cimino hides until he can go home
    D. Cimino gets on his colleague's boat and leave
    E. Cimino falls asleep and wakes up in prison

11. Why did Cimino take off his trousers?
    A. Because they were showy
    B. Because they were wet
    C. Because they were heavy
    D. Because it was hot
    E. Because he could hide better

12. What did Cimino hear from his hiding spot?

    A. A woman crying
    B. Cars crashing
    C. People singing
    D. A train passing by
    E. Shoots

Answer Keys

1 → C

2 → A

3 → B

4 → E

5 → B

6 → B

7 → D

8 → C

9 → A

10 → C

11 → B

12 → E

Chapter 4: Genies and Wishes

With this chapter, we're going to break our usual routine. Instead of reading one long passage, we'll go through three short "barzellette" that are about genies.

In all three stories, the protagonist meets a genie who grants wishes, then the different characters will make their choices and cause various consequences to happen.

Genies are not typically present in Italian traditions and culture, as they're considered to be of Arab origin. However, several Italian stories do portray them. This is partly due to the world-wide growing fame of this mythological figure, but the Arab influence in Sicily might have also played a part.

This influence is due to the fact the Arabs conquered Sicily in the early 9th century (A.D.) and controlled the island until the end of the 11th century.

The comprehension exercises will be at the end of all three stories, but you can choose to answer the specific questions after finishing each single story.

Genies and Wishes 1

A Livorno [city in Tuscany on the sea] vive un ragazzo di nome Maurizio a cui è sempre piaciuto molto pescare [he always liked fishing]. Un giorno, mentre pesca col suo fucile subacqueo [underwater rifle → spear gun], vede un oggetto strano brillare [shine] sul fondale [sea bottom].

Si avvicina [gets himself closer] e vede che sul fondale c'è una lampada d'oro [gold]. La raccoglie subito e la porta a riva.

Uscito dall'acqua, prende uno straccio [rag] e strofina [rubs] la lampada per asciugare [dry] l'acqua. Mentre la asciuga, improvvisamente, vede un enorme genio verde uscire dalla punta [tip] della lampada.

"Ciao Maurizio" - dice il genio - "Sono il genio del porto di Livorno! Visto che [since, considered that] mi hai trovato, hai l'opportunità di esprimere un desiderio [express a wish]. Hai un solo desiderio, quindi scegli [choose] saggiamente [wisely]".

"Boia deh*!" - esclama [exclaims] Maurizio - "Un genio a Livorno! Che figata! [how cool is that!] Ma quali sono le regole? Che desiderio posso esprimere?".

"Beh" - risponde il genio - "I miei poteri [powers] sono enormi, quindi mi puoi chiedere quasi qualsiasi cosa [anything]. Certo, anche io ho i miei limiti, e ci sono cose che sono troppo anche per me, come ad esempio [for example] resuscitare i morti o tornare indietro [back] nel tempo."

"Ah, ho capito." - risponde Maurizio - "Allora... vediamo [let me see/let's see]... ah, ecco, vorrei un ponte [bridge] che da Livorno arriva fino in Sardegna".

"Un ponte? Io ho tutto questo potere e tu vuoi fare costruire [build] un ponte a me??" - esclama il genio.

"Eh sì, vedi, la mia ragazza [girlfriend] abita in Sardegna e, non so perché, non vuole venire a vivere con me [move in with me]. Con il ponte almeno [at least] posso andare a trovare la mia ragazza un po' più spesso." - spiega [explains] Maurizio.

"Ho capito, ma, dai [c'mon], fare un ponte solo per questo mi sembra stupido!" - risponde il genio - "Ci sarà pure [there must be] qualcos'altro che posso fare per te!".

---

* Typical expression used in this area to express surprise or anger. "Boia" means hangman, while "de' or deh'" is just an interjection without an actual meaning.

"Mmmmm…. vediamo…." - risponde Maurizio mentre pensa - "dunque [so], il problema di base [basic problem] è che la mia ragazza non vuole stare più vicino a me."

"Quindi? [so what?]" - dice il genio.

"Ecco! Ho un'idea!" - risponde Maurizio - "Dai a me la capacità [capability] di capire le donne, capire come pensano, come funziona [works] il loro cervello. Così potrò convincere [talk into] la mia ragazza a fare tutto quello che voglio!"

Il genio rimane un attimo in silenzio, mentre pensa perplesso [perplexed], poi dice:

"Ho capito. Richiesta [request] interessante. Con quante corsie [lanes] lo volevi il ponte?"

Genies and Wishes 2

Un giorno, un anziano signore è a passeggio [on a stroll] con la moglie lungo il fiume Po, quando vende un oggetto metallico dalla forma strana trasportato sulla riva dalla corrente del fiume.

L'uomo inizia a camminare verso la sponda del fiume, ma viene interrotto dalla moglie:

"Dove credi di andare? [where do you think/believe you're going?] Dobbiamo tornare a casa che c'è la cena [dinner] da preparare e aspettiamo ospiti [guests]."

"Amore mio" - risponde l'uomo - "voglio solo vedere cos'è."

"Torna indietro sottospecie [subspecies] di verme [verme], fai quello che ti dico di fare" - urla la moglie.

"Grazie amore di essere [for being] sempre così carina [nice] con me" - rispose ironico l'uomo - "tanto [IDIOM: anyway] vado e torno [IDIOM: I'll be quick]".

Così, cammina per gli ultimi metri fino all'oggetto, e vede che è una lampada di metallo a forma di culo [ass].

Dopo aver raccolto [having picked up] la lampada, torna dalla moglie.

"È una strana lampada" - le dice - "guarda, ha la forma di un culo hahaha".

"Che volgarità! [what vulgarity → how vulgar]" - commenta la moglie.

"Chissà cosa succede se lo gratto [scratch it]" - dice l'uomo tra una risata e l'altra.

Detto questo, l'uomo gratta il metallico sedere [bottom] della lampada, e un piccolo genio viola esce dalle chiappe [butt cheeks] bronzee [bronze].

"Ciao sfigati! [hello unlucky ones → hello losers]" - dice il genio con una vocina stridula [piercing little voice] - "Io sono Giorgione, il genio burlone [prankster]. Grazie per avere grattato [having scratched] il mio culo, ah, che sollievo [relief], mi prudeva [it was itching] proprio [really]. Per ringraziare [thank] voi del favore, vi concederò [will grant/concede] tre desideri".

"Però" - continua il genio - "C'è una condizione. Di ogni cosa che desidererai [will wish] avere, tua moglie riceverà [will receive] il doppio".

L'uomo, da anni costretto [forced] a sopportare [withstand] quell'odiosa moglie, ci pensa bene, e poi dice:

"Come primo desiderio, vorrei tornare giovane e bello!".

"OK" - risponde il genio - "ecco, ora sei giovane e bello e tua moglie è due volte più giovane e bella di te".

"Ah, sfigato" - dice la moglie - "guarda sono uno schianto [IDIOM: I'm a crash → I'm a smasher/knockout, very attractive] adesso [now, in this moment]".

"Come secondo desiderio" - continua l'uomo - "Vorrei dieci miliardi di euro."

"Ecco a te dieci miliardi" - risponde il genio - "Ed ecco venti miliardi a tua moglie."

"Hahaha sono ricca brutto idiota" - dice la moglie.

"Bene. Ora ecco il mio ultimo desiderio" - dice l'uomo - "fai apparire [appear] un centinaio [100-ish] di bellissime donne nude e chiedi a loro di picchiarmi [beat me up] finché non sarò mezzo morto."

Genies and Wishes 3

Un giorno, un uomo va in un concessionario Maserati con una vecchia Alfa Romeo mezza rotta [broken] e chiede di parlare con un venditore.

"Salve" - dice l'uomo - "vorrei scambiare [exchange] la mia Alfa con quella bellissima Maserati MC20 che avete in vetrina [shop window]".

"Dice sul serio? [are you (talking) for real?]" - risponde il venditore - "la sua auto varrà [may be worth] sì e no [yes or no → more or less] mille euro, mentre la nuova MC20 costa sui [around] trecentomila euro."

E l'uomo risponde: "è vero, ma la mia auto ha dentro un genio che esaudisce desideri! Guardi, le faccio vedere [make see → show]".

Detto questo, apre la portiera e sfrega [rubs] il volante con le mani. Dal cofano [car hood] esce subito un genio.

"Genio, fai due caffè!" - dice l'uomo, e il genio fa comparire improvvisamente due tazzine [little mugs] di espresso.

"Ha visto" - dice l'uomo al venditore - "è come le dicevo".

Il venditore, senza perdere tempo, accetta l'offerta dell'uomo e gli consegna una Maserati MC20 rosso porpora [purple].

Qualche ora più tardi, il proprietario del concessionario torna in ufficio [office] e sente dell'affare [deal] fatto dal suo dipendente [employee].

"Ma sei scemo??" - urla il capo [boss] al venditore - "Hai scambiato una macchina da trecentomila euro con uno schifo [disgusting stuff] di macchina da mille euro???".

"Ma* no capo, non ha capito capo" - risponde il venditore - "in quest'auto c'è un genio, possiamo recuperare [recover] i trecentomila euro e tutti i soldi che vogliamo!"

"Guardi, le faccio vedere" - continua il venditore - "Genio! Dammi trecentomila euro!"

"Mi spiace" - risponde il genio - "Io faccio solo il caffè".

* Notice the use of "ma" as an interjection.

Comprehension Exercises

FIRST STORY

1. What troubles the protagonist?

    A. The genie
    B. His job
    C. His girlfriend
    D. The mafia
    E. He's just hungry

2. Where is the lamp found?

    A. In the woods
    B. In a chest
    C. In a cave
    D. In an old house
    E. On the bottom of the sea

3. What color is the genie?

    A. Blue
    B. Green
    C. Purple
    D. Yellow
    E. Black

4. What does the man first ask as a wish?

    A. A bridge
    B. A million
    C. A girlfriend
    D. A car
    E. A bigger house

5. Why does the genie ask the man to change his first wish?

    A. It was impossible to do
    B. It was against the rules
    C. He didn't ask correctly
    D. He didn't ask in time
    E. It was too simple

SECOND STORY

6. How's the man's wife?
    A. Funny and delightful
    B. Nice and caring
    C. Bossy and mean
    D. Smart and witty
    E. Silent and introverted

7. What's the man's first wish?

    A. To be young and handsome again
    B. A lot of money
    C. A brand-new car
    D. A lot of women
    E. That his wife disappeared

8. What happens to the man's wife when he makes a wish?
    A. She gets half of what has been asked
    B. She gets double of what has been asked
    C. Nothing
    D. She suffers in pain
    E. She gets younger

9. What was the couple doing when they found the lamp?
    A. Taking a stroll

B. Hiking
C. They were in the middle of an expedition
D. Swimming
E. Fishing

10. How does the story end?
    A. The genie kills himself
    B. The man and his wife will live happily ever after
    C. The man's wife becomes rich and successful
    D. The man's wife dies
    E. Everybody gets kidnapped by aliens

THIRD STORY

11. Where does the genie live?
    A. In a lamp
    B. In a penthouse
    C. In a rabbit
    D. In a car
    E. Under a rock

12. What does the genie's former owner want?

    A. A girlfriend
    B. A new genie
    C. A new car
    D. A million euros
    E. A gelato

13. How did the genie's former owner intend to achieve his goal?

    A. Trough commitment and dedication
    B. Under false pretenses
    C. By winning the lottery
    D. With a massacre

E. By running to it

14. What color is the car?

    A. Purple red
    B. Light blue
    C. Black and white
    D. Orange
    E. Grey

15. What is the genie best at doing?

    A. Esthetic surgery
    B. Killing puppets
    C. Selling cars
    D. Making coffee
    E. Singing

Answer Keys

1 → C

2 → E

3 → B

4 → A

5 → E

6 → C

7 → A

8 → B

9 → A

10 → D

11 → D

12 → C

13 → B

14 → A

15 → D

Chapter 5: L'Anziana Proprietaria di Casa

Our next story is also inspired by a popular humorous tale that is told in Italy. The passage is about a man who got caught in a thunderstorm, and the old owner of a B&B.

You will notice, as we go on with our stories, that we'll be adding fewer translations to the text, in order to favor a quicker reading now that you are adding more and more vocabulary to your knowledge.

Also, we'll gradually add some comprehension questions in Italian.

L'Anziana Proprietaria di Casa

Marco è un giovane ragazzo a cui piace [who likes] molto andare a camminare, soprattutto da solo [alone]. Camminare da solo ti dà il tempo di pensare e di riflettere; questa cosa Marco l'ha sempre amata.

Spesso va a camminare anche di notte, quando è tutto tranquillo e non c'è in giro nessuno* [nobody] e, quando ha tempo, va anche a fare lunghe camminate di diversi [several] giorni.

Una sera verso le undici, durante uno di queste gite [trips] di più [multiple] giorni, Marco viene sorpreso [surprised, caught] da un improvviso temporale [thunderstorm], mentre camminava in direzione dell'ostello [hostel] scelto per quella notte.

Per evitare di prendere troppa pioggia, corre in direzione dell'unica casa che riesce a vedere. Mentre procede verso la casa, legge su un cartello che quello è un bed and breakfast.

"Ottimo! [great]" - pensa Marco - "Così posso dormire direttamente qua stanotte".

Arrivato alla casa, bussa alla porta e, poco dopo, compare un'anziana** signora:

"Buonasera" - dice la signora - "Come posso aiutarla? [help you (formal)]"

"Salve" - risponde Marco - "Questo è un bed and breakfast, giusto? È possibile avere una camera per la notte?"

"Certo" - risponde la signora - "Venga dentro che piove [it rains], le faccio vedere le stanze disponibili [available]."

Così Marco entra in casa. È una casa di montagna con molti dettagli [details] in legno, è un'atmosfera molto calda e piacevole. Dopo aver guardato meglio, però, c'è da dire che la casa sembra un po' sporca.

C'è polvere dappertutto [dust everywhere] e ci sono alcuni insetti sui muri [walls]. La signora lo accompagna fino al piano [floor] di sopra [upstairs], dove ci sono tre camere.

* Remember that double negatives are common in Italian (and they're considered to be grammatically correct).
** When talking about people, the adjective "vecchio" is considered to be rather offensive, and "anziano" is a better word for "old".

"Prego [Please]" - dice la signora - "Scelga pure la stanza che preferisce, intanto io preparo la cena; lei mangia il minestrone [vegetable soup]?"

"Sì, la ringrazio" - risponde Marco - "Il minestrone è uno dei miei piatti preferiti. Adesso scelgo una stanza e la raggiungo."

Marco inizia a guardare le stanze mentre la signora scende al piano di sotto [downstairs]. Le tre stanze erano molto grandi e luminose, ma un po' sporche; Marco decide di prendere la stanza che sembrava più pulita e porta lì le sue cose.

Dopo, scende al piano inferiore per raggiungere la signora in cucina. "Ho fatto" - dice marco dopo essere entrato in cucina. "Ottimo" - risponde la signora - "Si metta comodo [put → make yourself (formal) confortable], la cena è quasi pronta [ready]."

Marco prende una sedia [chair] e guarda la signora che cucina. La signora si muove con calma e rimesta [stirs] il minestrone con cura [care] con un vecchio cucchiaio [spoon] di legno.

A un certo punto, però, Marco nota che la signora, mentre rimesta, starnutisce [sneezes] violentemente e un'enorme colata [drip] di muco finisce nella pentola [pot].

"Che schifo!" - pensa Marco - "io quella roba [stuff] non la mangio!"

Marco fa finta di niente [pretends (of) nothing (happened)] e continua a guardare la signora. Aspetta cinque minuti e poi si mette una mano sulla pancia [stomach, belly] e dice:

"Ooooh, mi fa male [hurts] la pancia. Mi scusi, vado un attimo in bagno. Non so se riuscirò a mangiare questa sera".

Così, sale di sopra e va in bagno per far finta di stare male [feel sick]. Dopo una ventina [20-ish] di minuti, Marco torna al piano di sotto per parlare con la signora:

"Mi spiace, signora. Mi fa troppo male la pancia per mangiare questa sera. Che peccato [pity], quel minestrone sembrava delizioso".

Salutata la signora, sale nuovamente al piano di sopra e va in camera sua, per andare a letto a dormire. Dopo poche ore però, Marco si sveglia [wakes up], troppo affamato [hungry] per dormire.

Dopo aver camminato tutto il giorno, tutto il suo corpo [body] gli diceva che doveva mangiare, che aveva bisogno di calorie.

Esce dalla stanza e vede che tutte le luci [lights] sono spente [off], e che la signora è nella sua stanza a dormire. Decide dunque di scendere al piano di sotto per cercare qualcosa da mangiare.

In cucina, vede che sul tavolo c'è un piatto con delle belle fette [slices] di lardo. Prende del pane dalla credenza [cupboard] e mangia tutto il lardo. Felice e soddisfatto [satisfied], torna la sua stanza e dorme per tutta la notte.

La mattina seguente [following], si sveglia ben riposato [rested], raccoglie le sue cose e scende al piano di sotto, dove incontra la signora.

"Buongiorno" - dice la signora - "ha dormito bene?"

"Benissimo" - risponde marco - "mi sento pronto per una nuova giornata di cammino! Credo che farò colazione al bar, quindi non serve che me la prepari lei."

"Ho capito, benissimo" - risponde la signora - "allora se vuole possiamo procedere al check-out. Per il soggiorno [the stay] sono 50 euro."

"Ecco a lei" - dice Marco, mentre passa alla signora una banconota da 50 euro - "Allora la saluto, arrivederci! [see you] È stato un piacere."

"Sì, il piacere è stato mio" - risponde l'anziana signora - "Ma prima di andare, mi tolga [take off] una curiosità. Per caso [by (any) chance] ha toccato lei il lardo che c'era sul tavolo?"

"Mmmmm no, non ho mai visto del lardo in giro" - risponde Marco.

"Che strano" - dice la signora "credevo di aver messo il lardo sul tavolo ieri sera. Sa, da una settimana uso quel lardo tutte le sere per massaggiare le emorroidi e poi lo lascio [leave] sempre sul tavolo".

Comprehension Exercises

1. What is Marco's favorite activity?

    A. Walking
    B. Swimming
    C. Gaming
    D. Soccer
    E. Fishing

2. Why did Marco enter the B&B?

    A. Because he was tired
    B. Because it was raining
    C. Because he needed a telephone
    D. To meet with his girlfriend
    E. Because he thought it was a library

3. What was Marco's original destination?

    A. A pub
    B. A friend's place
    C. A hostel
    D. His father's house
    E. A cabin in the woods

4. How would you describe the old lady?

    F. Arrogant and hostile
    G. Talkative and funny
    H. Loving and passionate
    I. Nice and professional
    J. Funny and beautiful

5. How many rooms were in the B&B?

A. 1
B. 4
C. 7
D. 2
E. 3

6. Which room did Marco take?
   F. The biggest
   G. The warmest
   H. The cleanest
   I. The smallest
   J. The cheapest

7. Cosa ha cucinato l'anziana signora?

   K. Minestrone
   L. Pizza
   M. Gnocchi
   N. Lasagne
   O. Risotto

8. What did Marco do to avoid eating the minestrone?
   P. He said he had already eaten
   Q. He said he doesn't eat vegan food
   R. He pretended to feel sick
   S. Nothing, he ate it
   T. He said that he doesn't like it

9. Why did he not want to have the minestrone?
   A. Because he doesn't like it
   B. Because of his religion
   C. Because it tasted bad
   D. Because he was grossed out
   E. Because he was already full

10. Why did Marco wake up in the middle of the night?
    A. He had to pee
    B. He was sleepwalking
    C. There was too much light
    D. He wanted to seduce the old lady
    E. He was hungry

11. What did Marco find on the table?
    F. A letter
    G. Slices of lard
    H. A piece of bread
    I. A cat
    J. A vase

12. Do you think Marco made a good food choice?

    A. Yes
    B. Most definitely
    C. He probably did
    D. Probably not
    E. Most people would say so

Answer Keys

1 → A

2 → B

3 → C

4 → D

5 → E

6 → C

7 → A

8 → C

9 → D

10 → E

11 → B

12 → D

Chapter 6: In Ritardo alla Stazione

As the title would suggest, our next passage takes place at the station. The story is about two American tourists who arrived late at Milano Centrale station and are rushing to get on the train for Verona.

While reading the story, pay particular attention to the travel vocabulary; this time, the comprehension part will include some extra questions specifically about vocabulary.

In Ritardo alla Stazione

Tom e Lucy sono due ragazzi americani che sono in Italia in viaggio di nozze [wedding journey → honeymoon], e si fermeranno nel Bel Paese per due settimane. Atterrati a Malpensa* di prima mattina [of first morning →

early in the morning], hanno preso il treno Malpensa Express per Milano e sono arrivati alla stazione Milano Cadorna.

Visto che il check-in a Verona era in programma [on schedule] per le 20.00, hanno deciso di passare la giornata a Milano e prendere poi il treno delle 17.30. Così, appena arrivati in stazione, lasciano le valigie [suitcases] al deposito bagagli [baggage deposit] e iniziano a visitare la città.

Come prima cosa, camminano verso la chiesa [church] di Santa Maria delle Grazie, dove si trova la famosa Ultima Cena [Last Supper] di Leonardo da Vinci. La chiesa è molto vicina alla stazione, quindi non aveva senso prendere la metro [subway].

Dopo aver visitato la chiesa, partono in direzione del duomo [dome], ma prima fanno una piccola deviazione per vedere la bellissima da fuori [outside] la basilica di Sant'Ambrogio.

Continuano poi fino al Duomo di Milano, la terza chiesa cattolica più grande al mondo e monumento simbolo della città di Milano. Appena arrivati, comprano i biglietti per salire in cima [on top] all'edificio [building]. La vista [view] da lassù [la + su = up there] era magnifica.

Dopo aver visitato anche l'interno [inside] della chiesa, iniziano a fare un giro tra i negozi della Galleria Vittorio Emanuele e di piazza [square] San Babila. Ed è qui che le cose hanno iniziato a sfuggire [get out, slip away] di mano.

Tra un negozio e l'altro, presi dalla frenesia [frenzy] dello shopping, Tom e Lucy perdono il senso del tempo e in un attimo sono già le due di pomeriggio. Decidono quindi [so] di mangiare qualcosa nel primo ristorante che trovano.

Col senno di poi [with the sense of judgement of later → in hindsight], non è stata una buona scelta [choice], visto che i ristoranti in quest'area sono i più costosi di Milano, e non sempre la qualità è alta come i prezzi.

Ad ogni modo [anyway], finiscono di mangiare verso [around] le tre e riprendono il loro itinerario. In base al loro programma, restavano da visitare ancora il Castello Sforzesco e la Pinacoteca [picture gallery] di Brera, ma era possibile vedere entrambi in sole due ore e mezza?

Decidono d'iniziare col visitare il castello, per poi decidere se visitare anche la pinacoteca in base al tempo restante. Iniziano quindi a camminare in direzione del castello, e in dieci minuti arrivano a destinazione.

Il castello, appartenuto [belonged] alla famiglia Sforza, è un grande edificio vicino allo splendido Parco Sempione. Tom e Lucy visitano il castello e il parco, ma dimenticano nuovamente il fattore tempo.

Finita la visita, guardano per la prima volta l'orologio [watch]: erano già le 16:30!

Visitare la pinacoteca non era più possibile, e non erano nemmeno [not even] così sicuri di riuscire ad arrivare in stazione in tempo. Certo, prendere la metropolitana era un'opzione, ma decidono di andare a piedi per poter continuare a vedere la città.

Prima di prendere questa decisione, hanno controllato sul navigatore [(satellite) navigator] e hanno visto che per arrivare in Stazione Centrale (dove parte il treno per Verona) servono 30 minuti a piedi.

Iniziano quindi a camminare tra le vie del centro di Milano in direzione della stazione. Durante il percorso, però, le distrazioni erano molte. Negozi, parchi, edifici storici... quante cose da guardare!

Il percorso fino in stazione è di circa due chilometri e mezzo [1.5 miles], ma dopo 15 minuti Tom e Lucy hanno fatto meno di un chilometro. A causa delle troppe soste, non riuscivano a rispettare le tempistiche.

Decidono quindi di accelerare il passo, per non rischiare di perdere il treno. A un certo punto, però, Lucy si ferma all'improvviso. Le valige! Avevano ancora le valigie al deposito!

Iniziano così a camminare più veloce che possono, ma sta [sta = questa = this] volta in direzione opposta, per tornare a Cadorna. Dopo circa 15 minuti arrivano finalmente al deposito, dove recuperano [get back] i loro bagagli.

Danno un'occhiata [a glance] alle ore: erano le 17:00. Arrivare in stazione Centrale a piedi era impossibile, quindi decidono di comprare i biglietti per la metro alle macchinette [little machines → vending machines] e di andare in Centrale con la metropolitana.

Prendono quindi la metro verde, la linea M2, e in dieci minuti arrivano finalmente in Centrale. La stazione Centrale, però, non è esattamente piccola. Hanno ancora 20 minuti prima della partenza, sì, ma raggiungere i binari [platforms] richiede [requires, takes] tempo, e devono ancora comprare il biglietto e scoprire da quale binario parte il loro treno.

Scesi dalla metro, salgono al piano di sopra fino alla stazione dei treni, per poi andare subito alle macchinette automatiche per fare i biglietti. Comprano quindi i biglietti e vanno verso i binari.

Mentre camminano, si accorgono però che sul biglietto non c'è scritto da che binario partirà il treno! Decidono quindi di chiedere al punto informazioni, ma c'è una fila [line, queue] lunghissima.

Erano quasi sul punto [point, edge] della disperazione, quando si accorgono dell'enorme tabellone [big table] elettronico sopra alle loro teste. Ecco lì, in alto sulla destra, la tanto cercata indicazione sul [on, about] binario. Il treno partirà dal binario 21.

Ma dov'è il binario 21? Di fretta e furia [hurry and fury], partono alla ricerca del binario quando manca solo 1 minuto alla partenza.

Corrono per [through] la stazione con le valige e arrivano finalmente al binario, con un minuto di ritardo.

Vedono subito, però, che il treno non è ancora partito. "Che fortuna!" - pensano Tom e Lucy, mentre salgono nella loro carrozza [train car].

Saliti a bordo, vedono dal display che il treno partirà con 24 minuti di ritardo. Che bella l'Italia! Un paese dove le persone sono così gentili che tutti i treni partono con almeno una ventina [20-ish] di minuti di ritardo, così nessuno può perdere il treno.

Comprehension Exercises

1. What type of building did they visit most times?

    A. Stations
    B. Churches
    C. Castles
    D. Pubs
    E. Graveyards

2. What is near the Castle?

    A. A lake
    B. An airport
    C. A high hill
    D. A stadium
    E. A park

3. What made Lucy and Tom lose track of time?

    A. Sightseeing
    B. Shopping
    C. Praying
    D. Feeding pigeons
    E. Eating

4. How did the couple get to the dome?

    A. In a cab
    B. By car
    C. They rented a bike
    D. By foot
    E. By bus

5. Why were Tom and Lucy visiting Milan?

A. They had always wanted to visit the city
B. They had a coupon for a guided tour
C. They had time to kill
D. They were interested in visiting the churches
E. They thought it was Venice

6. In hindsight, could Lucy and Tom have made it in time if they had chosen to visit the picture gallery?
   A. Definitely no
   B. Definitely yes
   C. No, you probably can't visit it in 20 minutes
   D. Yes, if 50 minutes are enough
   E. Yes, they had more than 2 hours left in the end

7. Where can you check at what platform a train leaves?

   A. It's written on the ticket
   B. It's shown on the app
   C. You need to ask at the info point
   D. It's on the electronic board
   E. It's written on the train

8. Were they able to visit all the places they had planned to see?
   A. Yes
   B. We don't know
   C. No, they didn't visit the dome
   D. No, they didn't visit the Pinacoteca di Brera
   E. No, they didn't visit the shops

9. Where do they seem to prefer buying tickets?
   A. On the train
   B. On the website
   C. On the app
   D. From vending machines
   E. At the ticket office

10. From what station does the train for Verona leave?
    A. Milano Cadorna
    B. Milano Centrale
    C. Milano Malpensa
    D. Milano Affori
    E. Milano Garibaldi

11. Dove lasciano le valigie Tom e Lucy?
    A. Al deposito bagagli
    B. Al Castello Sforzesco
    C. In treno
    D. In albergo
    E. All'ospedale

12. Quanto costa il biglietto per Verona?

    A. 21 euro
    B. 24 euro
    C. 113 euro
    D. Non lo sappiamo
    E. Il biglietto è gratuito

Answer Keys

1 → B

2 → E

3 → B

4 → D

5 → C

6 → C

7 → D

8 → D

9 → D

10 → B

11 → A

12 → D

Chapter 7: L'Asino Che Dice l'Ora

Our next story comes from another popular barzelletta. The story is about a man who wants to know the time and asks a farmer who's resting with his donkey.

This story is pretty popular in Italy, and

it was also part of the repertoire of the celebrated Gigi Proietti, a brilliant Italian comedian, actor and dubber. If you like this type of content, there's plenty of his material online, which could make a great way to practice your listening.

Dubbers are among the best choices when it comes to finding a source from which you can learn pronunciation, as they're basically the only people in Italy who speak a 100% correct Italian, in terms of pronunciation, accents and cadence.

Other good sources can be professional actors, qualified TV hosts and people who work on the radio. In other words, only people who took diction classes can speak perfect Italian.

L'Asino Che Dice l'Ora

Un bel giorno di settembre, un uomo di 40 anni di nome Pierpaolo è a passeggio [on a stroll/hike] per i sentieri della Maremma* toscana, com'è sempre solito [*adjective*, used to] fare.

Ogni martedì, infatti, Pierpaolo dedica sempre un paio [couple, pair] d'ore alla camminata, la sua attività salutare [healthy] e rilassante [relaxing] preferita. Quando cammina riesce a spegnere il cervello e a concentrare [focus] l'attenzione solo sul bellissimo panorama che la natura ha da offrire.

La maremma offre panorami splendidi, con vaste pianure [plains] alternate a zone ricche di colline. Nelle zone di pianura le strade e i sentieri spesso continuano dritti per chilometri e chilometri senza mai una curva [turn], mentre nelle zone collinari [*adjective*, with hills] le strade arrampicano [climb] a zigzag su e giù per colline.

Per vedere ogni giorno posti nuovi, spesso Pierpaolo esce di casa in macchina, e guida anche per un'ora intera per raggiungere il sentiero scelto per la giornata.

Quel giorno, aveva scelto di camminare in una zona collinare, a un'ora circa di macchina da casa sua. È davvero un bel posto, con diverse colline vicine tra di loro e un torrente che passa in una valle formata da queste colline.

Il sentiero passa accanto [next to] al torrente per la maggior parte del percorso, ma Pierpaolo prende una deviazione dal sentiero per salire in cima [top] a una collina. Il tratto di strada è molto ripido [steep] e senza alberi attorno [around].

Arrivato in cima, Pierpaolo fa quindi una sosta sotto una vecchia quercia [oak tree], per riposare al fresco all'ombra [shade] della grossa pianta. D'estate, però, l'aria fresca e l'ipnotico ondeggiare [*noun*, waving] delle foglie possono essere molto pericolosi. Dopo soli cinque minuti, infatti, l'uomo si addormenta [falls asleep] senza accorgersi [realizing].

Quando si risveglia [wakes up again], cerca in tasca il cellulare [mobile phone] per controllare l'ora [the time], ma si accorge [he realizes] di aver lasciato il telefono in macchina. Preoccupato** di essere in ritardo [late], ricomincia a camminare per finire il percorso e tornare dove aveva parcheggiato l'automobile.

---

* A rural area spread between the south of Tuscany and north of Lazio.
** "Preoccupato" looks and sounds like preoccupied, but it means worried or afraid.

Lungo [on, along] la strada, nota un uomo, probabilmente un contadino [farmer], che riposa sdraiato [lying down] sotto ad un grosso castagno [chestnut tree] mentre il suo asino mangia l'erba e le prime castagne [chestnuts] cadute attorno alla pianta.

L'uomo è vestito da lavoro, con dei vecchi jeans sporchi di fango [mud] e una maglietta piena di buchi. Ha ai piedi degli stivali [boots] e una spiga di grano [spike of wheat] in bocca.

L'asino invece è abbastanza [quite, enough] piccolo, di colore grigio-marrone, e ha una faccia molto più bella e simpatica [friendly] rispetto a quella del padrone.

"Buongiorno, mi scusi" - dice Pierpaolo - "Non è che per caso mi sa dire che ore sono?".

Il contadino, con aria [*fig.* = appearance] molto seccata [fig. = annoyed], fa cenno [sign, nod] di sì con la testa. Dopodiché [after that], allunga [stretches] una mano verso l'asino, che mangiava l'erba lì accanto, e gli solleva [lifts up] i testicoli.

"Sono le cinque e mezza" - dice il contadino, prima di tornare a dormicchiare [to doze off].

Pierpaolo, incerto [uncertain] se il contadino diceva la verità o lo prendeva in giro*, decide di non insistere.

"Grazie!" - risponde al contadino, e continua a camminare.

Tornato alla macchina, trova il suo telefono e controlla le ore. Sono le 17.45.

"Che cosa strana" - pensa Pierpaolo - "Quell'uomo ha davvero letto le ore dalle palle dell'asino?? Ma com'è possibile?!".

Perplesso e curioso, torna a casa determinato a ritornare lì la settimana seguente, con la speranza d'incontrare nuovamente il contadino.

Con questi pensieri in testa, il martedì successivo [next, following] Pierpaolo torna nello stesso posto e rifà [ri-fare, do again] lo stesso percorso della settimana precedente.

Arrivato allo stesso castagno, vede il contadino, quasi nella stessa posizione dell'altra volta [time, occasion], con il suo fedele [loyal, faithful] asino accanto a lui.

"Buongiorno, mi scusi" - dice Pierpaolo al contadino - "Mi sa dire che ore sono?".

Il contadino apre un occhio per vedere chi diavolo [who the hell was] disturba il suo sonno.

---

* IDIOM: prendere in giro qualcuno = to take someone from around = to make fun of someone.

"Cosa?" - dice il contadino.

"Sì, salve, le chiedevo se mi sa dire che ore sono" - ripete Pierpaolo.

"Ah" - risponde il contadino. Poi solleva con la mano le palle dell'asino e dice: "Sono le quattro e un quarto".

"È sicuro? [are you sure, *polite*]" - dice Pierpaolo.

Il contadino guarda Pierpaolo con aria seccata, poi solleva nuovamente i testicoli dell'asino e dice: "Sì, quattro e diciassette per la precisione".

Per non far arrabbiare [get upset] ulteriormente [even more] il contadino, Pierpaolo ringrazia [says thanks] e riprende a camminare. Appena dietro l'angolo [around the corner], prende subito il cellulare per controllare le ore. Erano le 16 e 18 minuti. Il contadino aveva nuovamente detto l'ora corretta.

Pierpaolo torna alla macchina e guida verso casa, sempre più curioso e perplesso su quello che è successo [happened].

"È riuscito ancora a dire l'ora giusta, ma come fa?" - pensa Pierpaolo - "Non capisco. Magari [maybe] lo capisce dalla temperatura, non so. Ma devo arrivare in fondo [bottom] a questa storia".

Così, la settimana successiva decide di tornare per la terza volta dal contadino. Arrivato sulla collina, lo trova sempre sotto allo stesso castagno, con accanto il suo asino, praticamente [basically, practically] nella stessa posizione delle altre due volte.

"Buongiorno, mi scusi, mi sa dire che ore sono" - dice al Contadino.

"Ancora lei [you again]?" - risponde il contadino - "Ma non può comprare un cavolo* di orologio?" - Il contadino allunga la mano e solleva le palle dell'asino -"Sono le 16:32, contento? Ora mi lasci [let] dormire in pace!".

"Mi scusi" - insiste Pierpaolo - "Ma come fa a capire le ore dalle palle dell'asino? Lo capisce da quanto sono calde?"

"Ma è scemo lei o cosa?" - risponde il contadino - "Secondo lei si può capire che ore sono dalla temperatura delle palle di un asino?!"

"Io sarò anche un contadino" - continua l'uomo - "Ma lei sembra anche più ignorante di me. Non capisco le ore grazie all'asino, è solo che le castagne si fermano in questo punto e l'asino sta sempre in questa posizione a magiare, e con le sue enormi palle non mi fa vedere il campanile [bell tower] della chiesa".

* Cavolo (lit. cabbage) is a word that is commonly used in place of vulgar alternatives, like with "darn it" or "what the heck" in English.

"Vede" - continua il contadino mentre solleva i testicoli dell'asino - "Là in fondo c'è la chiesa, e sul campanile c'è un orologio, come in tutte le cavolo di chiese. Se però lei pensa che si possano capire le ore dalle palle di qualche animale le consiglio di provare, magari ce la fa [you make it, *polite*]. Io proverei [I would try] con un orso [bear] o un grosso cane arrabbiato, per iniziare. Buona giornata."

Comprehension Exercises

1. What is Pierpaolo's favorite activity?

    A. Walking
    B. Swimming
    C. Gaming
    D. Soccer
    E. Fishing

2. How did Pierpaolo lose track of time?

    A. He was drunk
    B. He was shopping
    C. He was sleeping
    D. He was playing
    E. He was hiking

3. When does Pierpaolo like to go walking?

    A. On Mondays
    B. On Tuesdays
    C. On Wednesdays
    D. On Saturdays
    E. ON Sundays

4. What was the weather like the first time he met the farmer?

    A. We have no clue
    B. It was snowing
    C. It was raining hard
    D. Probably the weather was terrible
    E. Probably the weather was not bad

5. How long did Pierpaolo drive every time to get to this place?

A. Half an hour
B. Ten minutes
C. One hour
D. Two hours
E. Twenty minutes

6. What does the word "collina" mean?

A. Collision
B. Little neck
C. Hill
D. Necklace
E. Grass

7. What's the Italian name for a chestnut tree?

A. Castagno
B. Pino
C. Quercia
D. Castagna
E. Quercio

8. What is next-to the trail that Pierpaolo walked 3 times?

A. A cliff
B. A forest
C. A donkey
D. A road
E. A creek

9. Why was the donkey always in the same position?

A. Because it couldn't walk
B. Because it was tied to a tree
C. Because it loves chestnuts

D. Because it likes it when the owner wants to know the time

E. Because it's in love

10. Where can you always find a clock in Italy?

    A. Under a donkey

    B. On bell towers

    C. In the woods

    D. Under the table

    E. In the rivers

11. What adjectives best describe the farmer?

    A. Friendly and welcoming

    B. Available and discrete

    C. Perverted and nasty

    D. Obnoxious and rude

    E. Hilarious and sexy

12. Sotto che pianta ha dormito Pierpaolo?

    A. Un pino

    B. Un castagno

    C. Una quercia

    D. Una betulla

    E. Un noce

13. Perché Pierpaolo va spesso a camminare?

    A. Per consumare le scarpe

    B. Per spegnere il cervello

    C. Per pescare

    D. Perché vuole sua moglie

    E. Perché è annoiato

Answer Keys

1 → A

2 → C

3 → B

4 → E

5 → C

6 → C

7 → A

8 → E

9 → C

10 → B

11 → D

12 → C

13 → B

Chapter 8: Marcone e Mariolino

Our next story takes place in paradise, in a novelized version of the Christian paradise, as it is portrayed in numerous classic works of art. This passage is not meant to have any religious meaning or connotation; the story is simply set in a location that is borrowed from the traditional narrative descriptions of the Cristian and Catholic paradise.

When reading the story, remember that this is simply meant to be a humorous read for learners. It's a jocular passage that, for fun's sake, might overlook realism and morals. If you think that some parts of the story are wrong or unlikely, please don't feel offended, as this is just satire.

Marcone e Mariolino

Marco Pina, per gli amici Marcone*, è un uomo di 45 anni che da 20 anni lavora come muratore [bricklayer, construction worker] assieme al fratello. È un uomo molto alto e molto corpulento; le persone lo descrivono come un uomo silenzioso, tranquillo e gentile [kind], sempre pronto ad aiutare gli altri. Forse però è più corretto dire che lo descrivevano in questo modo. Sì, perché, da poche ore, Marcone è morto.

Quella mattina, o forse era pomeriggio, quando Marco ha aperto gli occhi non ha visto il soffitto della sua camera, o la faccia di sua moglie, ma un infinito panorama di nuvole bianche.

"Dove sono?" – pensa Marco – "Come ci sono arrivato qui?".

Marco non ricorda nulla. Anche se prova a ricordare, nessun pensiero gli torna in mente.

"Buongiorno Marco" – dice improvvisamente [suddenly] una voce.

"Chi è che parla?" – risponde Marco mentre guarda intorno a sé, senza vedere nessuno.

"Benvenuto in paradiso Marco, sono San Pietro, ma puoi chiamarmi solo Pietro". – risponde la voce – mentre una gigantesca figura angelica compare [appears] fra le nuvole.

"Paradiso? Ma che dice signor Pietro... io... io... sono ancora vivo... io... sono vivo, no?" – risponde Marcone.

"No figliolo [son, young boy], non sei più vivo. Devi essere contento, ora sei nel mondo della vita eterna. E dammi di del tu**." – risponde San Pietro.

---

* In Italy, especially in the north of the country, it is frequent to use accrescitivi or diminutivi (grammar constructions that consist in modifying nouns to add a simple adjective, in this case "big" and "small", respectively) to make up nicknames. Names ending in -one or -ona imply "big" (either tall or corpulent), so Marcone is big Marco and Giovannona is big Giovanna. Similarly, Mariolino is

little Mario and Paolina is little Paola (-ino and -ina). With Mariolino, the letter "l" is added to avoid the "ioi (*eeohee*)" sound, which would be hard to make.
** "Dare del tu" and "dare del lei" are ways to say that someone is using the Italian polite form (dare del lei – call someone a "she") or not (dare del tu – call someone a "you"). Literally, "dare del" means "to give of", and the word "epithet" is implied: dare del... → dare a qualcuno l'epiteto di... → to give someone the epithet of... → to call someone a...

"Sì, Pietro, scusa. Contento... sono appena morto ... contento è un concetto relativo. Comunque ho capito, vita eterna, urrà [hurrey], che bello..." – dice Marco – "Ma, Pietro, per curiosità... com'è che sono morto?".

"Beh figliolo, questo me lo devi dire tu" – risponde San Pietro – "Le anime che arrivano qui devono fare un esame di coscienza e riflettere [think deeply] sulla loro vita e sulla loro morte".

"Ma io non ricordo nulla, su cosa devo riflettere?" – risponde Marco.

"Non ti preoccupare [don't worry], per molte anime [souls] è normale non ricordare nulla quando arrivano qui; ci vuole [it's needed] un po' di tempo." – risponde San Pietro – "Riposa per qualche ora, poi tornerò da te".

Detto questo, San Pietro va via, e lascia Marcone solo con i suoi pensieri. L'uomo passa il tempo a passeggiare lì attorno, mentre cerca di ricordare qualcosa.

Mentre aspetta, compare un altro signore. Un uomo alto e magro, con un'espressione perplessa in faccia. La sua faccia, tra l'altro, diceva qualcosa [it tells something → it rings a bell] a Marco, ma non riesce proprio a ricordare se lo conosceva da vivo.

Dopo poco tempo, un terzo signore compare del nulla. È un uomo basso ma dall'aspetto [look, appearance] atletico.

A un certo punto il signore alto e magro cammina verso Marco e gli chiede: "Scusi, ma dove siamo? Lei sa perché siamo qui?".

"Guardi" – risponde Marcone – "Quando sono arrivato io è apparso San Pietro che mi ha detto che sono morto e che siamo in paradiso. Però io ancora non ricordo nulla di quello che è successo, ricordo solo il mio nome."

"Ah" – disse l'uomo – "Quindi siamo morti? Lo immaginavo. [I thought/figured so]".

Il tempo passa, e i tre uomini rimangono in silenzio ad aspettare il ritorno di San Pietro.

"Eccomi [here I am]" - dice San Pietro, appena riapparso [re-appeared] dal nulla – "Scusate il ritardo, c'è un sacco da fare di questi tempi. Ho dovuto accompagnare un gruppo di giapponesi a cui piaceva [who liked] tanto il fugu, poi un gruppo di americani che hanno preferito investire sul nuovo iPhone anziché [instead of] sull'assicurazione sanitaria [health insurance], e poi un gruppo d'italiani che hanno detto alle loro madri che le fidanzate sono più brave a cucinare di loro."

"Ditemi, vi è iniziata a tornare la memoria?" – chiede San Pietro ai tre uomini.

"Sì" – risponde Marcone – "Qualcosa ricordo. Mi chiamo Marco, facevo [I used to be/work as] il muratore. L'ultima cosa che ricordo è che sono tornato a casa dal lavoro e ho trovato mia moglie a letto, vestita con della lingerie sexy. Mia moglie non sapeva che tornavo dal lavoro, quindi non mi aspettava. Preso dalla gelosia, ho iniziato a cercare da tutte le parti per trovare il bastardo che era a letto con mia moglie, ma non lo trovavo da nessuna parte. Ho guardato sotto al letto, nell'armadio, in bagno, nella doccia [shower], dietro alle tende, sotto al divano [couch], ovunque [everywhere]."

"E poi?" – chiede San Pietro.

"Eh, poi ho sentito un rumore che veniva da fuori. Così ho aperto la finestra della camera da letto e ho trovato un uomo sul cornicione. Quell'uomo." – dice Marco, col dito puntato all'uomo alto e magro che era apparso prima – "Ho perso la testa, Pietro. Ho lanciato l'uomo giù dal cornicione [cornice, overhang]. Lo volevo vedere morto. Ma il bastardo è sopravvissuto alla caduta. Il mio appartamento è al quarto piano [floor]. Una cosa mai vista. È caduto per 12 metri e anziché morire era lì che urlava sul marciapiede [sidewalk]."

"E poi?" – chiede San Pietro.

"Eh... che dovevo fare" – continua Marco – "Ho preso il comodino [nightstand, bedside cabinet] e l'ho lanciato dalla finestra. L'ho preso [I got him] in pieno [dead-on] quel bastardo. Dritto [straight] in testa."

"Capisco" – dice San Pietro – "Non sono qua per giudicare, ma questo non è un buon comportamento [behaviour], non trovi? Anzi, aspetta, io sono qua per giudicare. Sono San Pietro, è che cavolo [what the heck]. Sì, molto male figliolo, molto male. Poi? Cos'è successo?".

"Eh niente" – prosegue [goes on] Marco – "Quando ho lanciato il comodino, il comodino era molto pesante e ho perso l'equilibrio [balance] e sono caduto [fell] anch'io dalla finestra. Però io non sono sopravvissuto [survived], a quanto pare [apparently]. Solo quel bastardo poteva sopravvivere."

"Ho capito" - dice San Pietro - "Rimandiamo [postpone] il giudizio [judgement] a dopo. Prima sentiamo anche le storie degli altri due."

"Dimmi" – dice San Pietro all'uomo alto e magro. "Qual è la tua storia?"

"Salve" - dice l'uomo – "Io mi chiamo Giorgio, facevo l'imbianchino [house painter]. Un giorno ero su un cornicione che pitturavo [I was painting] la facciata [facade, front] di una casa. Ero lì che lavoravo e mi facevo i fatti miei [minding my own business], quando un pazzo è uscito da una finestra e mi ha buttato di sotto. Sono sopravvissuto per miracolo, ma mentre urlavo dal dolore quel bastardo mi ha lanciato contro un comodino. E niente, sono morto."

"Capisco." – risponde San Pietro – "Come ho detto, rimandiamo i giudizi a dopo."

"È il tuo turno" – dice San Pietro al terzo uomo, quello piccolo e palestrato [ripped, with a gym body] – "racconta [tell] la tua storia."

"Salve signor Pietro." – dice il terzo uomo – "Io mi chiamo Mario, ma tutti mi chiamano Mariolino. Io faccio, no anzi, facevo il personal trainer. Lavoravo in una palestra dove ho conosciuto una donna molto carina, che mi ha portato a casa sua per fare sesso [have sex]. Si può dire fare sesso in paradiso? Beh, comunque, volevamo fare l'amore quando è tornato a casa improvvisamente il marito della signora. Però io non lo sapevo che era sposata, lo giuro [I swear]".

"Ti ricordo, figliolo, che in paradiso noi non giuriamo. Anche perché qui conosciamo sempre la verità [truth]" – dice San Pietro.

"Ah" – dice Mariolino – "ecco, come dicevo, io sapevo che la signora era sposata, però errare è umano, giusto [right]? Sono moooooolto dispiaciuto [sorry] del mio comportamento. Comunque, dicevo, io e la signora volevamo scop... fare l'amore, ma è tornato il marito. E niente. L'ultima cosa che ricordo è che mi ero nascosto in un comodino. Poi boh, sono morto. Credo".

"Capisco" – dice San Pietro – "Mi spiace, ma così non va bene. Vi condanno [sentence] tutti e tre all'inferno!".

"No! Perché?" – rispondono tutti e tre contemporaneamente [at the same time].

"Beh" – dice San Pietro – "Marcone, tu hai ucciso un uomo. La bibbia [bible] dice che se uccidi qualcuno vai all'inferno. Non ci sono eccezioni nel caso in cui uccidi un uomo che voleva giacere [lay] con tua moglie."

"Tu invece, Mariolino" – continua San Pietro – "tu hai desiderato la donna d'altri, è un peccato [sin] capitale."

"E tu, Giorgio" – dice San Pietro – "tu in realtà [actually] non hai fatto niente di male, ma all'inferno serve proprio [really] una riverniciata [repaint]".

Comprehension Exercises

1. What's the name of the second man arriving in paradise?

   A. Marcone
   B. Pietro
   C. Giorgio
   D. Marco
   E. Mario

2. How did Marcone die?

   A. He had a heart attack
   B. He was pushed down a window
   C. He lost balance and fell down
   D. He was hit in the head
   E. His wife killed him

3. How did he know his wife was not expecting him to come home?

   A. He didn't have a wife
   B. He came home earlier from work without telling her
   C. She told him that she was not expecting him
   D. He heard her saying that to someone on the phone
   E. He was supposed to be abroad for work

4. How did Giorgio die?

   A. He was very old
   B. He was hit by a car
   C. He was killed
   D. He fell down the stairs
   E. He was poisoned

5. What was Giorgio's occupation?

A. He was a construction worker
B. He was an engineer
C. He was a personal trainer
D. He was an influencer
E. He was a house painter

6. How did Mariolino die?

A. He was thrown down a window
B. He was suffocated
C. He had a parachute accident
D. He drowned
E. He fell from a ladder

7. Where did Mariolino and Marcone's wife meet?

A. At Marcone's place
B. In paradise
C. On the sidewalk
D. At the gym
E. On a construction site

8. What is forbidden in paradise, according to what Saint Peter says?

A. Swearing
B. Killing
C. Hating
D. Sarcasm
E. Smoking

9. Why did Giorgio go to hell?

A. Because he killed a man
B. Because he didn't was his hands after going to the bathroom
C. Because he was a good painter
D. Because he was cold
E. Because he was a burglar

10. What does Giorgio do the first time he sees Marco?

    A. He asks him why he killed him
    B. He asks what day it is
    C. He punches him in the face
    D. He hugs him
    E. He asks what's happening

11. Who survived a 12-meter fall?

    A. Mario
    B. Marco
    C. Giorgio
    D. Pietro
    E. Paolo

12. Why was the bedside cabinet heavier than expected?

    A. It was made of solid wood
    B. It was full of gold
    C. It was nailed to the wall
    D. There was a man inside
    E. There were rocks inside

13. Che lavoro faceva Marcone?

    A. Il falegname
    B. L'elettricista
    C. L'imbianchino
    D. Il personal trainer
    E. Il muratore

14. Chi vede Marco quando arriva in paradiso?

    A. Dio
    B. Gesù
    C. San Pietro

D. San Paolo

E. L'arcangelo Gabriele

15. Cosa perdono i tre uomini quando arrivano in paradiso?

A. La fame
B. La memoria
C. La dignità
D. Il portafogli
E. Il telefono

Answer Keys

1 → C

2 → C

3 → B

4 → C

5 → E

6 → A

7 → D

8 → A

9 → C

10 → E

11 → C

12 → D

13 → E

14 → C

15 → B

Chapter 9: Tutte le Strade Portano a Roma

Our next story will narrate the misadventures of a newlywed American couple, Ahmed and Dawn, who are on vacation in Rome. The story is named after a famous Italian proverb; "tutte le strade portano a Roma" – all roads lead to Rome – which is a saying of Latin origin.

The proverb alludes to the fact that the ancient Roman roadway system was so efficient (compared to the standards of the time) that by taking any road within the Roman empire you could reach Rome. Since most of the ancient Roman roads were upgraded throughout time and still exist, the proverb is still used.

As a matter of fact, Roman cities are the easiest to navigate, because they're organized in quadrants like a chessboard. Hence, it is difficult to get disoriented or to get lost in a city of Roman origins.

Tutte le Strade Portano a Roma

Ahmed e Dawn sono una coppia del Missouri che ha deciso di andare in Italia per la prima vacanza assieme dopo il viaggio di nozze. Hanno a disposizione due settimane per visitare l'Italia, e hanno pianificato tutto per riuscire ad ottimizzare il tempo che hanno.

Il loro viaggio inizia a casa loro, a Jefferson City, da cui partono per andare all'aeroporto di Columbia. Da lì prendono il primo aereo, fino a Chicago. A Chicago era infatti previsto [expected/planned] il primo scalo [stopover]; da lì partono poi per Madrid, in Spagna, dove era previsto il secondo e ultimo scalo.

Da Madrid partono poi per Roma, dove atterrano all'aeroporto Leonardo Da Vinci a Fiumicino, un comune [municipality] della città metropolitana di Roma. Dopo oltre [more than] 13 ore di volo, sono arrivati finalmente in Italia.

Dall'aeroporto, vanno in centro, dove hanno prenotato una stanza in un albergo per la prima notte. Arrivati in albergo, vengono accolti [welcomed] alla reception da una ragazza che parla un buon inglese e che chiede loro i documenti. Fatto il check in, Ahmed e Dawn vengono accompagnati nella loro stanza.

È una bella camera, con una decente vista sui palazzi [buildings] illuminati della città. Per il resto, la camera è molto semplice, con un comodo letto al centro della stanza, un armadio di fronte al letto, due comodini e una seconda porta con il bagno.

Il bagno è molto grande; davanti alla porta c'è il lavandino, con un grande specchio, e di fianco ci sono la doccia, moderna e spaziosa, il water* e il bidet.

Per questa sera, decidono di ordinare la cena con il servizio in camera e di passare il tempo a ripassare [go over again] il programma per la vacanza per poi andare a letto presto, così da essere ben riposati per il giorno seguente.

Il piano prevedeva di passare i primi 5 giorni a Roma, per poi vedere Napoli e Palermo, con un giorno a disposizione per ogni [each] città. Per la seconda settimana hanno deciso di passare due giorni in Sardegna, due giorni a Firenze, un giorno a Venezia e due giorni a Milano. Il volo di ritorno era programmato per partire da Milano, alla fine del loro giro.

* Water (*vaa-tehr*) is one of the most common Italian words for the toilet bowl. It comes from the English "water closet"; the term W.C. is also used in Italian (pronunciation: *vee-tchee*).

Sia Ahmed che Dawn hanno sempre voluto vedere Roma, era un desiderio che entrambi avevano fin da bambini, e per questo hanno deciso di dedicare ben cinque giorni alla visita alla capitale.

Il giorno dopo, infatti, la coppia si sveglia piena di energie e volenterosa [willing, eager] di andare a visitare la città. Dopo aver fatto colazione in albergo, partono con il loro giro.

La prima tappa [stop] del tour è via dei Fori Imperiali, una bellissima strada del centro, dalla quale [from which] puoi raggiungere il Foro Romano e poi il Colosseo, l'edificio [building] più famoso di Roma. Vicino all'arena in cui combattevano i gladiatori c'è anche il bellissimo Arco di Costantino.

Dopo una mattina passata a visitare il centro, decidono di fermarsi a mangiare in una trattoria* tipica romana, dove provano alcuni piatti della tradizione romana, come la pasta alla carbonara, gli spaghetti all'amatriciana e l'abbacchio alla scottadito [grilled lamb].

Usciti dal ristorante, iniziano a camminare lungo le vie del centro, quando Ahmed si accorge di aver perso il telefono. Così, torna al ristorante, dove una cameriera gli dice di aver trovato il cellulare sul tavolo, e lo ridà ad Ahmed.

Page | 86

Per fortuna non l'aveva perso e non lo avevano rubato [stolen]. Ripartono [restart] quindi con il tour, e vanno a visitare un museo, la Galleria d'Arte Moderna. Usciti dal museo, passano un po' di tempo a fare shopping tra le vie del centro.

Dopo aver comprato qualche souvenir, i due vanno a prendere la metropolitana per tornare in albergo. Fortunatamente, la metro che dovevano prendere è arrivata con soli 20 minuti di ritardo, quasi un record per gli standard romani.

 Con un po' di ritardo, arrivano quindi in albergo e decidono di cenare al ristorante dell'hotel, per poi andare a letto presto [early]. La mattina successiva si alzano [get up] di buon'ora** per il secondo giorno di visita alla città.

Carichi [charged, full of energy] e felici escono dall'albergo per iniziare la nuova giornata di vacanza, quando uno scooter [moped] che viaggiava sul marciapiede prende in pieno Ahmed, che si rompe una gamba.

* Trattoria is a type of restaurant that usually serves traditional foods in large portions at a rather small price, normally paired with some good wine on tap. Back in the day, trattorie used to be affordable taverns for working-class people, but nowadays even fancier restaurants might use the name.
** IDIOM: di buon'ora (di buona ora) = of good hour = early in the morning; there's also a similar idiom, with an unrelated meaning: alla buon'ora = at the good hour = finally, about time (sarcastic).

Così, dopo una sofferta decisione, decidono di cambiare programma e anziché visitare il Pantheon vanno a visitare il pronto soccorso [E.R.] del Policlinico Gemelli. Dopo sole 4 ore di attesa, i medici visitano Ahmed e gli mettono un gesso [plaster cast] alla gamba.

Mentre Ahmed aspetta al pronto soccorso, Dawn decide di andare a fare shopping, presa da un improvviso desiderio [desire] di comprare delle stampelle. Poi, va di nuovo [again] in ospedale e torna in albergo assieme ad Ahmed, che per qualche motivo aveva voglia di riposare.

E così, in albergo, i ragazzi passano il pomeriggio italiano dei loro sogni, un pomeriggio passato a guardare talk show su canale [channel] 5. La sera invece modificano [modify] il programma per adattare il piano [plan] alle attuali * capacità di movimento di Ahmed. Decidono di stare a Roma ancora due giorni, e poi andare direttamente in Sardegna per riposarsi un po' [for a while] al mare, senza lo stress di dover visitare città e musei.

Che giornata! Ma almeno hanno visto la vera Italia, un paese in cui è facile essere investiti [get hit, run over] da un motorino [scooter], ma almeno [at least] non devi pagare nulla per mettere il gesso in ospedale.

Il giorno dopo Ahmed ha ancora molto dolore, quindi prendono in prestito [they take on loan → they borrow] una sedia a rotelle [wheelchair] dall'albergo e, dopo aver fatto il pieno di aspirina, visitano solo il Pantheon alla mattina e Piazza Navona e la Fontana di Trevi nel pomeriggio. Per pranzo, mangiano un panino al volo [quickly, on the go] tra le vie del centro.

Tornano poi in albergo e, dopo una cena leggera, vanno a letto presto perché Ahmed è stanco.

La mattina seguente si alzano presto per andare a Città del Vaticano, dove visitano i musei e la Basilica di San Pietro. Nel primo [early] pomeriggio tornano in albergo, per fare il checkout e partire per la Sardegna.

Tornano quindi all'aeroporto di Fiumicino, dove prendono l'aereo per Olbia. Dopo circa un'ora atterrano in Sardegna, dove prendono un taxi fino a Porto Rotondo. Lì, hanno prenotato un bungalow in un villaggio vacanze [holiday village, tourist resort].

E così i ragazzi decidono di fare buon viso a cattivo gioco ** e passare il resto della vacanza sulle splendide spiagge della Sardegna. Così, dopo dieci giorni passati al mare, abbronzati [tanned] e rilassati volano fino a Milano, dove prendono l'aereo per tornare a casa.

 * Attuale can be considered a "false friend" as it resembles the word "actual", but it means "current".
** This saying, "fare buon viso a cattivo gioco", is an idiomatic expression that literally means to "make a good face to a bad game", like smiling when you have bad cards. It is used with the meaning of "making the best out of a bad situation".

Comprehension Exercises

1. Perché la coppia ha cambiato il piano originale?

    A. Per tornare a casa
    B. Perché Ahmed ha rotto una gamba
    C. Perché era fatto male
    D. Perché sono stati arrestati
    E. Perché non includeva abbastanza pizza

2. Where was Ahmed when he was hit?

    A. On the highway
    B. At a concert
    C. On the sidewalk
    D. In a park
    E. In a restaurant

3. What city was the couple looking forward to seeing?

    A. Rome
    B. Naples
    C. Palermo
    D. Milan
    E. Pairs

4. Quale famosa chiesa hanno visitato Ahmed e Dawn durante il loro ultimo giorno a Roma?

    A. Il duomo di Milano
    B. Santa Maria Novella
    C. Sant'Ambrogio
    D. Il duomo di Pisa
    E. La basilica di San Pietro

5. Which of the following is a traditional Roman recipe?

    A. Caprese
    B. Carbonara
    C. Lasagne
    D. Pizza
    E. Canederli

6. What did Dawn leave at the restaurant on her second day in Rome?

    A. Her backpack
    B. Ahmed
    C. Her phone
    D. Their passports
    E. Her wallet

7. What did Dawn do when Ahmed was at the hospital?

    A. She went "shopping"
    B. She stayed with him
    C. She went to the spa
    D. She went back to the "hotel"
    E. She continued visiting Rome

8. What did the couple do in Sardinia?

    A. Visit the nuraghi
    B. Breed sheep
    C. Learn how to make culurgiones
    D. Enjoy the beaches
    E. Buy a house

9. Da quale città hanno preso l'aereo per tornare in Missouri?

    A. Roma
    B. Milano

C. Olbia
D. Palermo
E. Venezia

10. How was the couple's hotel room in Rome?

    A. Huge and sumptuous
    B. Small and filthy
    C. Nice and simple
    D. Dark and scary
    E. Modern and high-tech

11. How did the couple get to Sardinia?

    A. They flew there
    B. They drove there
    C. They took a ferry boat
    D. They rented a scooter
    E. They swam

12. How are streets in Rome?

    A. They have a radial disposition
    B. They're just random
    C. They follow a zigzag pattern
    D. They cross like the lines of a chessboard
    E. They don't have streets in Rome

Answer Keys

1 → B

2 → C

3 → A

4 → E

5 → B

6 → C

7 → A

8 → D

9 → B

10 → C

11 → A

12 → D

Chapter 10: La Befana

The next passage describes the folkloristic figure of "la Befana", the "good witch" that brings presents and candy to Italian kids on the night between January fifth and sixth. Just like Santa Clause, Befana rewards good kids, while it's said that she brings charcoal or garlic to kids who do not behave.

The story tells about the origin and traditions linked with this Italian "mythological" character.

La Befana

La befana è un personaggio folcloristico diffuso [popular, shared] in tutta la penisola italiana, anche se le sue origini sono probabilmente legate al nord del paese e, più anticamente [anciently], alle tradizioni celtiche e germaniche.

La befana è spesso descritta come una vecchia signora, non proprio [really] bellissima, con un lungo naso aquilino [aquiline, hooked], i denti storti [crooked], dei porri [warts] sulla faccia e dei lunghi capelli bianchi, sporchi e unti [greasy].

Il suo aspetto è descritto come trasandato [shabby] e indossa [wears] vecchi vestiti logori [worn out] e sporchi. Generalmente, è rappresentata con un vecchio abito da donna*, delle calze di lana piene di buchi, delle vecchie ciabatte [slippers] (oppure sandali o zoccoli [clogs]). L'abito ha una lunga gonna e sopra all'abito generalmente indossa una giacca [coat] o un maglione. Nelle rappresentazioni ha sempre in testa un tradizionale foulard e talvolta un cappello da strega [witch] o un cappuccio [hood].

La befana è quasi sempre rappresentata con la sua scopa [broom] volante, che usa per andare di casa in casa [from house to house] per portare i regali [presents] ai bambini. Per tutti questi motivi, la befana è spesso considerata una sorta di "strega buona".

In realtà, ci sono state delle contaminazioni da parte di altre culture, ad esempio Halloween e le streghe della tradizione britannica [British]. Il cappello da strega, ad esempio, non è presente nella tradizione classica, dove la befana ha sempre un foulard in testa. Anche la scopa, che molte persone associano alle streghe, in realtà era un simbolo presente nella mitologia pagana.

La scopa era infatti un simbolo di pulizia e cambiamento [change] e rappresentava la fine dell'anno vecchio e l'inizio dell'anno nuovo.

* "Abito" is a word that is used for a dress or suit; it is used both for men and women, and it generally means either suit or gown, but it can also mean "outfit" in general. As you can see, it's best to specify "da uomo" or "da donna" when the context doesn't make it obvious. The English word "habit" (religious garment) comes from the same root word.

Il personaggio [character] della befana è associato alla festività dell'Epifania, il 6 di gennaio, che per molti italiani è anche conosciuta come festa della befana. La parola stessa [itself] befana deriva dalla parola Epifania, che nel tempo è diventata prima ebifania e poi befana. Molti italiani usano la parola "befana" in alternativa a "Epifania" per indicare il giorno del 6 gennaio, esattamente [exacly] come usano "Natale" per indicare il 25 dicembre.

Il ruolo della befana, come personaggio, è un ruolo molto simile a quello di babbo natale [santa clause]; infatti, la befana vola nelle case di tutti i bambini nella notte tra il 5 e il 6 gennaio, e porta doni ai bambini buoni e carbone [charcoal] o aglio [garlic] ai bimbi cattivi. Anche la befana atterra sul tetto [roof] ed entra dal camino* come il suo barbuto [bearded] collega.

Anche per la befana i bambini preparano qualcosa, ma di solito non sono latte [milk] e biscotti. Infatti, per molte persone è tradizione lasciare un'arancia, o una clementina, e un bicchiere di vino.

I bambini buoni possono ricevere [receive] piccoli regali, dolciumi [sweets, candy] o anche frutta. In Italia è possibile comprare nei negozi vari tipi di "calze della befana", che sono dei contenitori in tessuto [fabric containers] a forma di [shaped like] calza pieni di dolciumi e/o piccoli giocattoli [toys]. Alternativamente, molte persone comprano dolciumi e giocattoli di loro scelta [choice] e riempiono [they fill up] delle normali calze che generalmente appendono [hang] vicino al camino [fireplace].

Come abbiamo già [already] detto, ai bambini cattivi tipicamente la befana porta il carbone. Per questo motivo, nel periodo della befana, in Italia nei negozi puoi trovare anche il carbone dolce [candy that looks like coal], che viene spesso dato ai bambini come regalo ironico. Il carbone dolce può anche essere fatto in casa.

La tradizione di regalare frutta è invece più antica e legata soprattutto [mainly, above all] alle famiglie più povere. Questa tradizione è stata anche promossa durante il fascismo, quando c'è stato un revival della festività della befana.

Il governo fascista, nel tentativo [attempt] di promuovere il patriottismo e l'italianità, ha lavorato in molti modi a quei tempi [in those times, back then]. Ad esempio, alcuni dei simboli fascisti sono presi da simboli dell'antica Roma. Un altro esempio è l'italianizzazione di molti termini stranieri [foreign], inclusi i nomi delle persone come Francis Bacon, Louis Armstrong e George Washington, che per alcuni anni sono stati chiamati Francesco Bacone (ancora in uso), Luigi Braccioforte [direct translation] e Giorgio Vosintone.

* Italians can use the same word "camino" for "chimney" (like in this case) and for "fireplace". A chimney can also be called "comignolo", to be more specific, while there's no other word for fireplace, not precisely at least.

Anche la festa della befana fu usata per promuovere questo senso [feeling] di italianità e di unità. La "befana fascista" è stata una festa nazionale dal 1928 fino alla caduta del fascismo. Durante questa festa, il governo chiedeva ai commercianti [shop or business owners] di regalare doni [gifts] alle famiglie povere. In alcuni comuni, distribuivano [handed out] anche frutta, generalmente clementine, ai bambini nelle scuole.

I fascisti hanno anche modificato una celebre filastrocca [nursery rhyme], che è arrivata ai giorni nostri [our days → the present time] nella versione modificata. La filastrocca dice: "La Befana vien di notte, con le scarpe tutte rotte, col vestito alla romana, viva* viva la Befana!".

La parte che riguarda "il vestito alla romana" è stata aggiunta [added] dai fascisti per aumentare il senso di italianità. Tra l'altro, la frase non ha molto senso [make much sense], perché non esiste un [there's no such thing as] "vestito alla romana". Originariamente, la filastrocca diceva: "La Befana vien di notte, con le scarpe tutte rotte, con i buchi alla sottana [petticoat], viva, viva la Befana!".

In quegli anni, la festività era anche conosciuta come "festa del duce" o "natale del duce". Nonostante [despite] questa fase non molto felice, la festività della befana è ancora festeggiata tutt'oggi [nowadays].

Come molte altre festività pagane, anche la befana è stata poi integrata con le festività cristiane. Come il Natale, in cui la celebrazione della nascita [birth] di Cristo è stata fusa con feste pagane come i saturnali [saturnalia], la festa della befana si è unita [joined] con l'epifania.

Anche le figure simbolo di queste festività, babbo natale e la befana, sono state associate a figure religiose cristiane. Se Babbo Natale è spesso associato a San Nicola, la befana viene associata a Santa Lucia.

Per i cristiani, l'epifania è la celebrazione della rivelazione di Dio incarnato in Gesù Cristo, e la festa commemora la visita dei re [kings] magi. Visto che [seen that → given that] i re magi portano dei doni a Gesù bambino, non è stato difficile legare [bond, join] questa festività ai riti della festività della befana.

Una delle storie più famose a riguardo [in this regard, about this] racconta che, mentre i re magi seguivano la stella cometa per cercare Gesù bambino, hanno chiesto indicazioni [directions] ad una vecchia signora. La signora era molto gentile [kind] e li ha aiutati a raggiungere Betlemme. I magi hanno chiesto alla signora di andare con loro da Gesù, ma la signora ha rifiutato, perché non voleva disturbare.

* "Viva" means "lives she" (similar with "long live the…"), but it is used in a very broad way that detaches from the actual meaning. It is basically used like "go" or "yay" in English, as in "go Juventus" or "yay me". In Italian, it could be translated with "viva la Juventus" or "viva me". "Evviva" is also used as a synonym of "viva" (originally, evviva = e viva).

Più tardi però la signora cambia idea [changes her mind], curiosa di vedere il bambino Gesù. Così, prende un sacco [sack] e lo riempie [fills up] di regali, poi cammina fino a Betlemme. La signora però non sapeva dove trovare Gesù, allora bussa [knocks] alla porta di tutte le case, e lascia un regalo ad ogni bambino per ringraziare dell'aiuto. La signora non troverà Gesù alla fine, ma ha fatto felici molti bambini.

Gli storici [historians], invece, dicono che la befana ha probabilmente origini celtiche. Infatti, è probabilmente un'evoluzione della dea [goddess] celtica Pertha*, signora della luce e protettrice [protector - in the feminine] della natura e degli animali. Alcuni storici dicono che questa tradizione esiste dal [since] decimo secolo a.C. [avanti Cristo, before Christ (B.C.)].

Pertha veniva celebrata nelle settimane dopo il solstizio d'inverno [winter solstice]. La donna anziana [old] è un simbolo dell'anno passato, mentre i doni che porta sono un simbolo di buona fortuna [luck]. Rappresentano infatti gli abbondanti raccolti [harvest] dell'anno in arrivo.

Questa era l'ultima festività e veniva dopo le altre festività pagane del raccolto o dedicate agli dei. Questa caratteristica rimane anche oggi, infatti, la befana è l'ultima festa che chiude il ciclo delle festività invernali [wintry] che partono da Natale e continuano con il Capodanno [New Year's Day].

Per questo motivo, in Italia è famoso il detto [saying]: "L'Epifania tutte le feste porta via".

* In English, she's often referenced as Bertha.

Comprehension Exercises

1. Chi era Pertha?

   A. Un'amica della befana
   B. Una strega
   C. La versione italiana di Baba Yaga
   D. La dea celtica degli animali e della natura
   E. La dea romana della pizza

2. Would you say that Befana could be misjudged by her looks?

   A. No, she's always wearing her uniform
   B. Yes, you might think she's a man
   C. No, she looks as mean as she actually is
   D. Yes, she looks like a witch, but she's nice
   E. No, especially since she always has her badge with her

3. Why is la Befana an old lady with a broom?

   A. Because she was born a long time ago, and she needs to fly from house to house to take the kids
   B. Because that implies a sense of goodness and cleanness
   C. Because the guy who invented her liked it this way
   D. Because they are an allegory of the old year coming to an end and a symbol of renewal
   E. Because old ladies are always nice, and the broom is a symbol of fertility

4. For what reason there was a revival of this festivity in the past century?

   A. Because there was an increase in the price of candy
   B. Because of Coca Cola

C. Because of the fascist government

D. Because of the Second Vatican Council

E. Because of Halloween

5. What does Befana traditionally wear on her head?

A. A foulard and sometimes a hoodie

B. Nothing

C. A wizard hat

D. A foulard and a wizard hat

E. A hoodie and a wizard hat

6. What does she bring to the good kids?

A. Money

B. Candy and small toys

C. Cotton candy

D. Toys like a bike or a skateboard

E. Sushi

7. What does she bring to the bad kids?

A. Nothing

B. Nettle

C. Charcoal

D. Fake candy

E. Drugs

8. What does it mean that "l'Epifania tutte le feste porta via"?

A. "Epiphany kills all parties"

B. "Epiphany brings away all the festivities"

C. "Epiphany shows the door at parties"

D. "Parties are driven away by Epiphany"

E. "Epiphany is the door of all festivities"

9. Cosa hanno cambiato i fascisti riguardo alla befana?

   A. Il suo genere
   B. Il suo nome
   C. Il modo in cui porta i regali ai bambini
   D. La sua connessione con la religione cristiana
   E. Una famosa filastrocca che parla di lei

10. What does this sentence mean: "Torno al lavoro dopo la befana"

   A. "I'll get back to work after meeting Befana"
   B. "I'll get back in the office after Befana does"
   C. "I go back to work with an Epiphany"
   D. "I get back to working for Befana"
   E. "I'll get back to work on January 7th"

11. How was the festivity of Befana linked with the Christian festivities?

   A. Through the story of a miracle
   B. Through the story of an old woman helping the Magi
   C. Through the story of the Christmas tree
   D. Because it was all about presents in either cases
   E. Thanks to the fact that the Befana herself was of Christian religion

12. Quando porta i regali ai bambini la befana?

   A. Nella notte tra il 5 e il 6 gennaio
   B. Nella notte tra il 6 e il 7 gennaio
   C. Alla sera del 6 gennaio
   D. Alla mattina del 7 gennaio
   E. Al pomeriggio del 5 gennaio

Answer Keys

1 → D

2 → D

3 → D

4 → C

5 → A

6 → B

7 → C

8 → B

9 → E

10 → E

11 → B

12 → A

Chapter 11: I Giorni della Merla

Our next story is inspired by a legend of Italian folklore. "I giorni della merla" means "the days of the (female) blackbird" and the story is about a bird indeed. "Merlo" is the Italian name for the common blackbird, also  known as Eurasian blackbird, which is commonly found in the whole of the Italian peninsula.

With this being said, Italians use the expression "i giorni della merla" for something that has to do with days, rather than birds. In fact, the expression is used for the days of January 29th, 30th and 31st. These three days are called "i giorni della merla", and are believed to be the coldest days of the year.

Even though tradition says that these three days are the coldest of the year, that is not really correct, from a meteorological viewpoint, since the lowest temperatures are usually registered a couple weeks previous to that.

As you might guess, this legend probably has its origins in the north of the country, where the climate is colder. In the summer, the temperatures are not very different from north to south, with an average difference of less than 10° F (average of 81°F in the north and 89°F in the south). In the winter, however, the difference can be more than twice that of the summer, with an average of 32°F in the north and 50°F in the south.

This can look like a small difference compared to U.S. standards, but remember that the whole of Italy is roughly the size of Arizona. For a rather small country, the diversity in terms of climate, plants, animal life, and landscapes is quite remarkable.

If you take a closer look at the temperatures that we mentioned for the winter, you might guess what makes a major difference, especially in terms of landscapes and animal life. It's snow!

In the center and south of Italy, snow is a very seldom phenomenon when you're far from the few high mountains. In the north, on the other hand, snow is pretty common in the winter, even at low altitudes.

Ice, cold, and snow are fundamental elements for the folklore and traditions of the northern regions, and they're also part of the lives of all the species that dwell in these areas.

Now that we have a clearer picture of what the weather is like in Italy, we can better understand the novelized legend that we're going to read.

I Giorni della Merla

Questa è una storia che parla di tempi antichi [ancient], quando non esistevano le macchine, non esisteva l'elettricità e non esisteva nemmeno l'italiano. Parliamo di un tempo dove non c'era il riscaldamento [heating], a parte il camino, e gli inverni erano molto freddi.

All'epoca [at the epoch, back then] il mese di gennaio aveva solo 28 giorni, ma erano i giorni più freddi tutto l'anno. Gennaio era un mese crudele [cruel] e dispettoso [mischievous] che non faceva sconti [IDIOM: fare sconti = make (give) discounts = make concessions] a nessuno.

Una delle vittime preferite di gennaio era una bellissima merla bianca di nome Aurora. Aurora aveva tre anni e tutti gli anni faceva il suo bel nido su un grandissimo castagno [chestnut tree] che cresceva [was growing, was located] ai margini di un bosco [woods, forest].

Da lì, aveva accesso al cibo per tutto l'anno, perché il bosco e i campi [fields] erano ricchi di bacche [berries] e insetti, ma anche di semi [seeds], noci [walnuts], castagne [chestnuts] e nocciole [hazelnuts].

Era un bellissimo posto dove vivere, tranquillo e senza troppi pericoli, visto che lì non vivevano falchi [hawks] o altri predatori. L'unico problema era l'inverno, e un periodo dell'inverno in particolare.

Il problema, infatti, non era il freddo o la mancanza di cibo, che, come abbiamo detto, c'era sempre. Il vero problema era il mese di gennaio. Gennaio sembrava essere particolarmente cattivo con Aurora, che era diventata la sua vittima preferita.

Nei suoi tre anni di vita, Aurora aveva già incontrato gennaio due volte, e non era mai stata una bella esperienza.

La prima volta che Aurora ha conosciuto gennaio era alla fine del suo primo invero. Non era stato un inverno particolarmente freddo, e il cibo si trovava in abbondanza.

Certamente non era una stagione facile come la primavera o i periodi meno caldi dell'estate, ma non era poi [after all] così male. Alla fine di dicembre, però, le cose hanno iniziato a cambiare.

Gennaio, arrivato dopo dicembre, aveva gelato [frozen] tutte le strade, i sentieri, i campi e tutti gli alberi nel bosco. Non c'era un solo posto senza ghiaccio [ice] per appoggiare le zampe*.

L'unico posto dove stare al caldo era il nido, che Aurora aveva costruito accuratamente. Il nido era caldo e accogliente [welcoming → cozy], ma doveva per forza lasciare il nido per bere e mangiare.

Aurora aspettava sempre le ore più calde della giornata per lasciare il nido, ma il mese di gennaio, ogni volta, appena [as soon as] la merla lasciava il nido, iniziava a far soffiare [blow] un vento [wind] freddissimo.

La merla faceva fatica a volare nel gelido vento e cercare il cibo era davvero [really] complicato. Gennaio di divertiva [enjoyed] a torturare la povera Aurora, che voleva solo trovare da mangiare.

Questo sadico gioco è andato avanti per tutto il mese, e solo a febbraio la merla è riuscita a trovare un po' di pace e tranquillità.

L'anno successivo Aurora, che ora aveva un anno ed era diventata più astuta, non ha più provato a cercare il cibo in volo, ostacolata ** dal vento. Quindi, per cercare da mangiare, ha provato a volare dal suo nido direttamente ai piedi dell'albero, per poi camminare per il bosco in cerca di semi o noci o ghiande [acorns].

Il mese di gennaio, però, non sembrava intenzionato a dare tregua [IDIOM: to give truce = to let her go, to cut her some slack] alla povera merla. Così, oltre al forte vento, gennaio ha iniziato a far nevicare [make it snow].

È arrivata così una tempesta di neve mai vista prima e la povera Aurora, spaventata e infreddolita***, è stata costretta a tornare al suo nido, a fatica [with difficulty] e senza aver trovato molto da mangiare.

Insomma [in sum → summarizing], la seconda esperienza col mese di gennaio non sembrava per nulla [for nothing, at all] meglio della prima.

---

* "Zampa" is used for most animal limbs, including paws, claws, hoofs, etc. It is also used figuratively with people: e.g. "tieni giù le zampe", which can be translated with "keep your dirty hands off", and can be used with kids or people who're trying to get their hands on something they shall not touch.
** "Ostacolare" comes from the word "ostacolo", obstacle, and it means to hinder or to impede.
*** "Infreddolito" can be translated with "cold", but it specifically means "feeling cold", so it cannot be used for inanimate objects or for an exterior perception. For example, "sei freddo" means "you're cold", and, more specifically, "you feel cold (to me touching you)". This can be used with inanimate objects. "Hai freddo" means "you're cold", and, more specifically, "you feel cold (you have the perception of feeling cold)". This cannot be used for inanimate objects. "Sei infreddolito" means the same thing as the latter example, but here we're using an adjective instead of a noun.

E così è stato per tutto il mese, con la piccola merla che, ogni volta che lasciava il nido, veniva presa di mira* dal perfido mese di gennaio. Quest'anno però la merla non aveva solo sé stessa [herself] a cui pensare [to think about, to care about], infatti, per la prima volta, aveva fatto le uova.

I suoi pulcini erano nati da qualche mese ed erano bellissimi, piccoli e bianchi come la neve, proprio come la loro mamma.

Con quattro pulcini [chicks] affamati [hungry] nel nido, non poteva restare troppo a lungo nel caldo della sua casa, perché doveva andare a trovare da mangiare per i suoi piccoli.

E così ha passato tutto il mese a resistere agli scherzi [pranks] e ai tormenti di gennaio, per poter portare il cibo ai suoi piccoli e farli crescere sani [healthy] e forti.

Per fortuna, anche questa volta, l'arrivo del mese di febbraio ha portato giornate più calde e un clima meno birichino [mischievous].

L'anno successivo, cioè quest'anno, Aurora ha deciso che questa storia doveva finire. Ormai la merla aveva tre anni, che per un merlo che vive in natura significa essere piuttosto [rather] vecchi, e l'età porta sempre con sé [itself] la saggezza [wisdom] dell'esperienza.

Così, decisa a non sottostare [undergo] più [anymore] alle vessazioni [vexations] di gennaio, Aurora ha passato i mesi di ottobre, novembre e dicembre a fare scorta [stock up] di cibo per non dover uscire a cercare da mangiare durante il mese di gennaio.

Durante quei mesi, ha raccolto [picked up, harvested] tutto quello che poteva: semi, mais [corn], grano [wheat], noci, nocciole, pinoli [pine nuts], castagne, ghiande e molto altro.

Ha fatto una grossa pila di tutto il cibo e l'ha depositato in un lato del nido. E così, senza mai lasciare la sua comoda casa, per ventotto giorni la merla ha sfruttato [exploited] le sue riserve di cibo per dare da mangiare a sé stessa e ai suoi nuovi pulcini, nati [born] nei mesi precedenti.

Il ventottesimo giorno Aurora ha diviso quello che restava [was remaining] del cibo tra sé e i suoi pulcini, che ormai erano cresciuti [grown up] e sapevano anche già volare.

* The word "mira" means aim; this IDIOM literally means "to take of aim" → "to target" and it's used in a variety of situations when someone targets someone else (or something) as his/her victim, as the target of his/her intentions. The intentions at question are never too good, but the expression can be used for a wide range of topics, which can vary from making fun of someone to stalking someone, including bullying, annoying, hitting, teasing, harassing, robbing (someone or something) and many other situations.

Il giorno seguente, la merla ha lasciato il nido per la prima volta in un mese, per volare libera nel cielo di febbraio alla ricerca di cibo più fresco [fresher] per i suoi pulcini.

Con sua grande sorpresa, però, ad attendere [waiting for] la merla non c'era febbraio, bensì [but instead] il mese di gennaio, che per non perdere la sfida [challenge] contro Aurora aveva preso tre giorni da febbraio per poter dar fastidio [to be able to annoy] alla merla almeno per quei tre giorni.

Così, gennaio ha dato il peggio di sé [did his worst] in quei tre giorni, con temperature freddissime, forti nevicate [snowings] e un costante vento gelido.

La povera merla, colta alla sprovvista [caught unprepared], è costretta ad abbandonare il nido e fuggire [escape] con i suoi pulcini alla ricerca di un posto più caldo e con del cibo.

La merla e i pulcini volano fino a una casa lì vicino, dove si nascondono [they hide] nel camino per fuggire al freddo. Aurora riesce [manages] a trovare delle briciole [crumbs], così lei e i suoi pulcini possono mangiare qualcosa.

Gennaio, nel frattempo, continuava a lanciare neve, freddo e vento contro [at, against] la povera merla, che non poteva fare altro che rimanere nascosta nel camino, mentre sopportava il freddo da una parte e il fumo [smoke] e la cenere [ash, cinder] dall'altra.

Quei tre giorni sono stati un inferno, beh, un inferno freddo, come il fondo [bottom] dell'inferno nella Divina Commedia di Dante, dove c'è freddo e un lago ghiacciato. Insomma, sono stati i tre giorni più freddi dell'anno, con un clima a malapena [barely] sopportabile [bearable].

Per tre lunghi giorni, la merla e i suoi pulcini sono rimasti nascosti nel camino della casa, e sono usciti solo brevemente [briefly] per prendere qualche briciola o qualcos'altro da mangiare.

Quando, finalmente, dopo i trentuno giorni di terrore di gennaio è arrivato febbraio, la merla e i suoi pulcini sono potuti finalmente uscire dal camino. Con grande sorpresa, però, le bianche penne* di Aurora e dei suoi pulcini erano diventate nere per colpa della cenere e del fumo.

Da quel giorno, gennaio ha sempre avuto trentuno giorni e i merli hanno avuto le penne nere. Inoltre [furthermore], gennaio ha continuato a tenere i giorni più freddi per la fine del mese, in memoria di quell'epica sfida.

* The word "penna" means "feather" and it's the same word that is used in Italian for "pen". The English word "pen" used to have the same double meaning in Middle English, as it also comes from the Latin word "penna".

Comprehension Exercises

1. Where did the blackbird live?

   A. On the roof of a house
   B. Inside a chimney
   C. On a chestnut tree
   D. In a vase
   E. On a cherry tree

2. Which of the following bird-foods were never mentioned?

   A. Acorns
   B. Hazelnuts
   C. Corn
   D. Seeds
   E. Butterflies

3. What does January like to do with Aurora?

   A. Giving her a hard time
   B. Playing with her
   C. Cooking
   D. Fishing
   E. Eating bugs

4. How many chicks did the blackbird have when she was 2 years old?

   A. One
   B. Four
   C. Six
   D. Eleven
   E. We don't know

5. How many chicks did the blackbird have when she was 3 years old?

    A. One
    B. Four
    C. Six
    D. Eleven
    E. We don't know

6. What does Aurora do to avoid January's tyranny the first time?

    A. She builds a stronger nest to be more protected from the wind
    B. She goes into hibernation
    C. She flees the nest and gets adopted by a child
    D. She avoids flying to avoid the wind
    E. She avoids leaving the nest and withstands hunger

7. What does Aurora do to avoid January's tyranny the second time?

    A. She avoids walking to avoid the frozen ground
    B. She stocks up with food to avoid leaving the nest
    C. She was already inside the house of her adoptive child
    D. She challenged him to a duel
    E. She killed him

8. Di che colore sono i primi pulcini di Aurora, quando ha due anni?

    A. Bianchi come la mamma
    B. Neri a causa della cenere
    C. Blu come il papà
    D. Rossi come il fuoco
    E. Gialli come il sole

9. What does Jenuary do to surprise the blackbird?

    A. He freezes her provisions of food
    B. He kills her chicks

C. He takes three days from February
D. He freezer her nest
E. He sets fire to her nest

10. Where do the blackbird and her chicks escape?

A. To a bigger nest
B. To a wooden birdhouse
C. Into an aviary
D. Into a chimney
E. Into a burrow

12. Cosa devono sopportare Aurora e i suoi pulcini nel camino?

A. Il freddo di gennaio e l'umidità della foresta
B. Il freddo e la scarsità di cibo
C. Il freddo di gennaio e il caldo del fumo e della cenere
D. Il caldo di gennaio e il freddo della vita
E. La scarsità di cibo e Babbo Natale

13. How many days the blackbird and her chicks have to stay hidden?

A. One
B. Two
C. Three
D. Four
E. Forty-five

14. Cosa trovano da mangiare la merla e i pulcini quando sono nascosti nel camino?

A. Delle briciole
B. Delle ghiande
C. Dei semi
D. Delle noci

E. Il cadavere di Babbo Natale

15. What happened to the birds when they were finally free to go?

    A. They found more cold weather
    B. They were eaten by a hawk
    C. They had become black
    D. They had changed gender
    E. They had started smelling like roasted chicken

Answer Keys

1 → C

2 → E

3 → A

4 → B

5 → E

6 → D

7 → C

8 → B

9 → B

10 → C

11 → D

12 → C

13 → C

14 → A

15 → C

Chapter 12: La Leggenda della Lupa

Hoping you liked the last passage, our next story will also draw inspiration from a popular Italian legend. Actually, we're talking about the most famous of all Italian legends: la leggenda della lupa.

The "legend of the (female) wolf" is the legend of the foundation of Rome, and birth of what will later become the Roman Empire.

According to the legend, which we're going to read in our personal adapted version, a wolf found and raised two twin orphans, Romolo and Remo, the former of which later became the first Roman king.

Curiously enough, the last Emperor of Rome also bore the name of Romolo, Romolo Augustolo, who was portrayed by Thomas Brodie-Sangster in the movie The Last Legion, one of the most famous movies surrounding this historical figure.

"La lupa capitolina" is one of the symbols of the city of Rome, probably the most important one, and it is also part of the logo of the A.S. Roma soccer team, one of the two strongest teams of the city.

Italians also have a very common saying: "in bocca al lupo". It literally means "in the mouth of the wolf", and it is used to wish good luck (like the English "break a leg"). Some people say that this proverb comes from this legend, and that the appropriate response to this greeting is "viva il lupo" (we already discussed the use of "viva"). However, the origin is debatable, and in everyday use most people would reply "crepi" or "crepi il lupo" meaning "die (the wolf)" (subjunctive).

La Leggenda della Lupa

La storia che racconteremo parla della fondazione di Roma, ed è una storia intrigante [intriguing] dove non è facile distinguere i fatti storici dalla leggenda.

Si racconta [it is said] che un tempo il grande eroe Enea [Aeneas] è arrivato nel Lazio*, in Italia, dopo le grandi avventure vissute nel mar [short for mare] Mediterraneo raccontate nell'Eneide.

Nel Lazio, Enea incontra Lavinia, la figlia di Latino, il re degli Aborigeni**, e si innamora [falls in love] di lei. I due si sposano e assieme fondano una città, alla quale Enea dà il nome di Lavinio, in onore della moglie.

Enea e Lavinia hanno un figlio, Ascanio, che trent'anni più tardi fonderà anche lui una città, che chiamerà Alba Longa e che i suoi discendenti governeranno per oltre quattro secoli [centuries].

Una di questi discendenti è Rea Silvia, condannata a una vita di castità [chastity] dallo zio Amulio che era diventato re dopo aver usurpato il trono di Alba Longa a suo fratello Numitore, il legittimo re.

Quello che Amulio però non poteva sapere è che il dio Marte si era innamorato di Rea Silvia e le aveva dato due gemelli [twins], che la madre aveva chiamato Romolo e Remo.

Quando Amulio viene a sapere [gets to know] che Rea Silvia ha avuto due bambini, dà l'ordine di uccidere [kill] la madre e i bambini. L'uomo incaricato [appointed] uccide così Rea Silvia, ma quando prova ad uccidere i bambini il suo cuore e la sua coscienza gli impediscono [impede, won't let] di fare questa atrocità.

Anziché uccidere i gemelli, li abbandona nel bosco, all'interno di una cesta [inside a basket], vicino a un fiume. In questo modo i bambini moriranno comunque [anyway], ma almeno non doveva sporcare le sue mani di sangue [blood].

* Lazio is a geographical and political region of central Italy; the region capital of Lazio (capoluogo di regione, in Italian) is still Rome.
** Aborigeni were a nomadic population of central Italy, probably the oldest civilization of the Italian peninsula that is known to history. The word "aborigeno" survived through time and now means "native" in Italian, although it's primarily used for Australian indigenous populations in current use. The English word aborigine also has the same etymology.

Così, l'uomo va via, e lascia i gemelli ormai [by now] orfani al loro destino.

Il destino, però, è potente. E il destino di quei bambini sarà troppo importante e glorioso per permettere [allow] la loro morte prematura.

Infatti, forse per caso [by chance] o forse per volere [will, *noun*] del destino, il livello dell'acqua del fiume inizia a salire e la cesta viene portata via dalla corrente. Così, i gemelli viaggiano lungo il fiume all'interno della cesta, un po' come aveva fatto Mosè sei secoli prima.

Romolo e Remo viaggiano portati dalla corrente fino ad arrivare alla palude [swamp] del Velabro, tra i colli Palatino e Campidoglio*. Alcune persone dicono che la zona esatta dove si era fermata la cesta con dentro i due gemelli è l'area dove è stato poi costruito il Foro Romano**.

La leggenda racconta che la cesta si è fermata sotto un albero di fico [fig tree], vicino ad una grotta [cave]. I gemelli, soli e spaventati [frightened], piangevano a pieni polmoni [IDIOM: at full lungs = very loudly].

Una lupa, che aveva perso i suoi cuccioli, morti a causa [because] della corrente del fiume, viene attratta dal rumore del pianto [cry, *noun*] dei bambini. Spinta dall'istinto materno, la lupa allatta [nurse, gives milk] i bambini e li protegge [protects] dai pericoli [dangers] della palude.

Alcune versioni di questa storia parlano anche di un picchio [woodpecker], che aiuta la lupa a proteggere i gemelli. Il lupo e il picchio sono anche dei simboli del dio Marte nella mitologia romana, quindi possiamo dire che forse il padre dei bambini ha avuto un ruolo in questo salvataggio [rescue], secondo [according to] la leggenda.

Ad ogni modo [anyhow], i bambini sono salvati e protetti dalla lupa, che cura [looks after] i gemelli per un po' tempo, finché un giorno vengono trovati da un pastore [shepherd] che portava al pascolo [pasture] le sue pecore.

Il pastore, di nome Faustolo, decide di portare a casa i bambini e, assieme alla moglie Acca Larenzia, decide di adottare i gemelli e crescere*** i due fratelli come figli suoi.

* The city of Rome is built upon 7 hills (i 7 colli di Roma), two of which are Palatino and Campidoglio. The Campidoglio Hill, also known as Capitoline Hill, is the reason why the wolf is called Lupa Capitolina, and it has played a fundamental part throughout Roman and post-Roman history. The importance of this place has lasted for years, as it was the chosen location for various government buildings back in Roman times and nowadays, it's still domicile to several administrative buildings of the Italian Republic and of the city of Rome.
** The Roman Forum is an area in the center of Rome that is surrounded by the ruins of numerous administrative buildings of the Roman Empire.
*** We have already seen the verb "crescere" meaning "to grow up", but it can also mean "to raise", like in this instance.

I bambini sono cresciuti sani e forti e, quando sono diventati adulti, hanno scoperto la storia del loro passato. Così, decidono di tornare ad Alba Longa per vendicare la madre e fare giustizia [justice].

Arrivati ad Alba Longa uccidono lo zio Amulio, che aveva usurpato il trono, e rimettono [put back] al potere il nonno Numitore, il legittimo re. Il nonno chiede ai nipoti [nephews] di rimanere a vivere in città, ma i due gemelli vogliono una città loro [their own city] da governare e chiedono il permesso [permission] di andare via e fondare una nuova città.

Così, decidono di fondare una nuova città nei luoghi dove sono cresciuti, cioè vicino al monte Palatino. Altre persone si uniscono [join] a loro, soprattutto [mostly] schiavi [slaves] e ribelli [rebels], ma anche molti abitanti di Alba Longa e delle città vicine. Tutte queste città erano in forte espansione, quindi molti cittadini [citizens] dovevano trovare posti nuovi dove vivere.

Dopo aver deciso di fondare una nuova città, però, arrivano i primi problemi per i due fratelli. Infatti, Romolo vuole costruire [build] la città sul monte Palatino e la vuole chiamare Roma, mentre Remo la vuole fondare sul colle Aventino e la vuole chiamare Remora.

In condizioni normali, in quel periodo la legge diceva che il diritto [right] di scelta spettava [was up to] al fratello maggiore, ma nel caso di due gemelli non esisteva una regola [rule].

Così, si sono formate due parti: una fazione [faction] a favore di Remo e una fazione a favore di Romolo. Per trovare una soluzione al problema, decidono d'interrogare gli dei e chiamano quindi degli indovini [fortune-tellers].

Gli indovini dicono loro di stare attenti ai segnali [signals] degli dei e di decidere in base a quello. Qualche giorno più tardi, Remo vede sei avvoltoi [vultures] neri, un bruttissimo segno di premonitore.

Per questo motivo, la fazione di Romolo dice che gli dei hanno parlato e che Romolo dovrà essere il futuro re di Roma. Così, iniziano a costruire la città sul monte Palatino.

Romolo inizia a costruire le mura della città [city walls] e a delimitare il Pomerium, cioè il suolo [soil] sacro [sacred] della città di Roma. Il fratello Remo, invidioso, scavalca [climbs over] le nuove mura e viola [violates] il suolo sacro.

Romolo, pieno di rabbia [rage], uccide il fratello e dichiara [declares] che in futuro, chiunque attraverserà senza permesso le mura di Roma, amico o nemico, farà la stessa fine [will end up like him].

Così, dopo aver ucciso il fratello, Romolo ha costruito la città di Roma in un'area quadrata [square] sul monte Palatino e viene poi incoronato [crowned] come primo re di Roma. Le fonti storiche e le leggende sembrano indicare il 753 a.C. [B.C.] come data ufficiale della fondazione di Roma.

Comprehension Exercises

1. Who's the ultimate ancestor of Romolo and Remo?

    A. Zeus
    B. Enea
    C. Achille
    D. Fenrir
    E. Cesare

2. According to the legend, Romans are descendants of what mythological creatures?

    A. Odin, father of the Aborigeni, and Hera, greek goddess of marriage
    B. Dragons, from the mother's side, and trolls on the father's side
    C. Mars, on the father's side, and the greek goddess Artemis, mother of Enea
    D. Jupiter and Juno
    E. Befana and Santa Claus

3. Why was Romolo and Remo's mother killed?

    A. She committed adultery
    B. She was not supposed to have kids
    C. She had killed the king
    D. She was a spy
    E. She didn't reciprocate the love of the king

4. Why were the twins not killed?

    A. Because a hero saved them
    B. Because a dog saved them
    C. Because the man who was supposed to killed them died

D. Because the man who was supposed to killed them felt compassion

E. Because the man who was supposed to killed them was stopped

5. Who found the twins in the basket?

    A. A shepherd and his wife
    B. A wolf
    C. A slave
    D. A soldier
    E. A bear

6. Who adopted and raised the kids?

    A. A shepherd and his wife
    B. A wolf
    C. A slave
    D. A soldier
    E. The king

7. What did the brothers do when they found out about their past?

    A. They killed their great-uncle
    B. They became kings
    C. They bought a house
    D. They built a city
    E. They killed the legitimate king

8. Who joined Romolo and Remo in founding a new city?

    A. Their family and friends
    B. Refugees
    C. Nomad populations
    D. Viking populations

E. Slaves and dissidents from nearby cities

9. Dove vuole costruire Roma Romolo?

    A. Sul colle Campidoglio
    B. Sul colle Aventino
    C. Sul monte Palatino
    D. Sul monte Appennino
    E. Sul monte Citorio

10. The appearance of what entity was interpreted as a divine sign?

    A. Snakes
    B. Frogs
    C. Locusts
    D. Rabbits
    E. Vultures

11. Cosa viola Remo?

    A. La legge sacra della costituzione romana
    B. La moglie di Romolo
    C. Il suolo sacro di Roma, il Pomerium
    D. Il divieto di fumare
    E. La legge sulla costruzione di mura

12. Who shall die upon trespassing the walls of Rome uninvited?

    A. All enemies, but never friends
    B. All friends, but never enemies
    C. Both enemies and friends
    D. Everyone shall receive a fair trial
    E. Gauls

13. What's the meaning of the verb "uccidere"?

A. To die
B. To kill
C. To survive
D. To poison
E. To strike

14. Che forma ha la città originaria di Roma?

A. Quadrata
B. Rettangolare
C. Triangolare
D. Esagonale
E. Pentagonale

15. Quando è stata fondata la città di Roma?

A. Non lo sappiamo
B. Nel 753 a.C.
C. Nel 735 d.C.
D. Nel 735 a.C.
E. Nel 753 d.C.

Answer Keys

1 → B

2 → C

3 → B

4 → D

5 → B

6 → A

7 → A

8 → E

9 → C

10 → E

11 → C

12 → C

13 → B

14 → A

15 → B

Chapter 13: La Leggenda di Scilla e Cariddi

Our third and next legend is an ancient myth of Greek origin: the legend of Scylla and Charybdis.

The story, which mostly survives thanks to the Odyssey of Homer and the Aeneid of Virgil, talks about

two mythological creatures that inhabited the strait of Messina, between Sicily and Calabria.

Scylla, whose name is thought to mean "she who tears to pieces", and Charybdis, "she who sucks into the deep", are marine monsters that attack ships and boats, destroying and sinking them.

The legend of these monsters finds its origins in the navigability issues of the strait of Messina. The narrow passage between the point of Italy's boot and the island of Sicily is particularly difficult to sail, due to strong winds and underwater currents.

The winds and currents are not only particularly strong, but they can also have different directions. This means that these factors are unpredictable for the most part, and that different flows, especially in the case of marine currents, can collide creating vortexes.

It is from two of these whirlpools that the legend of Scylla and Charybdis originated. According to the predominant interpretation, the monster Scylla corresponds with a whirlpool that forms on the Calabrian coast, in the municipality of Villa San Giovanni (although the nearby town of Scilla also claims to have been home to the legendary monster).

Other sources support the theory that Scylla is actually not a whirlpool, but a sort of rock shoal. This would make more sense in relation with the meaning of the name, and the fact that Charybdis has a name that is more specifically evocative of a whirlpool. Also, Scylla is usually described as a six-headed monster that lives on a rock, which makes the theory of the rock shoal more probable. However, there does not seem to be clear proof that any such shoal exists or ever existed in that area.

With Charybdis, on the other hand, most sources point in the same direction and suggest that she would correspond with a whirlpool that forms on the Sicilian coast, directly in front of Villa San Giovanni, near the beautiful beaches of Torre Faro town.

This area is in the northern part of the strait, where the narrow passage curves to the right between the northeastern apex of Sicily and the upper part of the tip of Calabria.

These whirlpools are known to have caused several small boats to sink in the past, and it's definitely not the easiest tract of sea to sail, presenting potential mortal danger on both sides of the strait.

This is also what gave origin to the idiom "being between Scylla and Charybdis", a situation in which one is forced to choose and opt for the lesser evil. However, common in multiple languages, the proverb is not really used in Italian.

La Leggenda di Scilla e Cariddi

La leggenda di Scilla e Cariddi racconta l'origine dei due mitici mostri che abitano [inhabit] nello stretto [strait] di Messina. Le storie delle nostre due protagoniste non sono sempre state intrecciate [woven], quindi andremo a vedere prima la storia di Cariddi e poi la storia di Scilla.

Scilla e Cariddi non erano originariamente mostri, ed entrambe sono state trasformate in mostro da qualcuno. Cariddi è stata la prima delle due ad avere la sfortuna [bad luck] di essere trasformata in un mostro, per questo vedremo prima la sua storia.

LA STORIA DI CARIDDI

Cariddi in origine era una naiade [naiad], una ninfa [nymph] figlia di Poseidone e Gea [Gaia]. Tuttavia, non era di certo una divinità di quelle buone [of the good ones]. Infatti, quando Cariddi era giovane passava il suo tempo a rubare, prendere e mangiare.

Cariddi era famosa per la sua voracità e per le sue incursioni [raids] in cui rubava cibo, vino e bestiame [livestock]. Un giorno, però, ha osato [dared] rubare qualcosa che era meglio non prendere.

Cariddi, infatti, presa dalla frenesia [frenzy] di rubare e di mangiare, ha rubato dei buoi [oxes] dalla nave [ship] di Eracle [Heracles] mentre attraversava lo stretto di Messina.

Eracle è il famoso eroe semidio [demigod] figlio di Zeus che corrisponde a Ercole [Hercules] nella mitologia degli antichi romani.

Rubare al figlio di Zeus, ovviamente, rappresentava un grandissimo oltraggio [outrage].

Inoltre, i buoi che Eracle portava con la sua nave appartenevano [belonged] a Gerione [Geryon], il colossale gigante [giant] a tre teste nipote* di Pegaso e Medusa.

* "Nipote" can mean both nephew and grandson. In this case, Geryon is the nephew of PEgasus and the grandson of Medusa, but from the Italian you can't tell these details.

Zeus non poteva tollerare [tolerate] questo oltraggio. Cariddi aveva rubato a suo figlio, e aveva rubato dei buoi appartenenti a una figura importante dell'Olimpo. Inoltre, aveva anche osato mangiare alcuni di questi buoi.

Così, Zeus ha lanciato una saetta [thunderbolt] contro Cariddi, che è caduta in mare ed si è trasformata [she transformed] in un terribile mostro simile [that looks like] ad un'enorme lampreda [lamprey].

Da quel giorno, Cariddi è rimasta nello stretto di Messina, lungo le coste della Sicilia, senza però perdere la sua fame [hunger] e la sua voracità. Infatti, tre volte al giorno, Cariddi risucchia [sucks in] tutta l'acqua che può e crea un enorme vortice. Poi, risputa [spits back out] tutta l'acqua, ma solo dopo aver mangiato ogni creatura vivente che era in quell'acqua.

LA STORIA DI SCILLA

Ci sono due differenti versioni di questa storia: una che coinvolge [involves] Poseidone e una che coinvolge la maga [magician, enchantress] Circe.

Entrambe le storie sono concordi [agree] sul fatto che Scilla era in origine una bellissima ninfa dagli occhi azzurri*, figlia di Tifone [Typhon] ed Echidna, una naiade proprio come Cariddi. Scilla però, a differenza di Cariddi, era una divinità buona e di una bellezza mai vista prima.

La ninfa abitava nell'attuale Calabria, nel luogo dove oggi sorge [stand, rise] la città di Reggio Calabria. Scilla amava lo stretto di Messina e il mar Mediterraneo ed era solita passare le sue giornate a fare il bagno* nel mare o a visitare la città di Zancle, cioè l'attuale città di Messina, in Sicilia.

Quello che succede poi a Scilla, però, varia nelle due versioni della storia. La versione che coinvolge Poseidone è la più breve e anche quella meno famosa.

Secondo questa storia, Poseidone, dopo aver visto Scilla dal mare si innamora [falls in love] di lei e della sua straordinaria bellezza. Così, decide di rivendicare per sé [claim for himself] la ninfa.

* "Azzurro" means light blue, generally speaking, but in this instance it just means blue. Italians always use "azzurro" when describing blue eyes, so "occhi azzuri" simply means blue eyes, not light-blue eyes specifically.
** "Fare il bagno", literally "to take the bath", is an idiomatic expression that is extremely common in the Italian language. It's usually translated with "to take a swim", but it means swimming for the purpose of relaxing, cooling down or enjoying the water (sea, lake, or river). The best translation would consequently be "to go in the water", or "to pass time in the water", depending on the situation. The verb "nuotare" also means to swim, but it is a verb of movement and it implies moving from a spot to another, or at least putting effort in staying afloat.

Anfitrite [Amphitrite], moglie di Poseidone, diventa estremamente gelosa. Così, versa una pozione magica nell'acqua dove Scilla faceva il bagno e la ninfa si trasforma in un orribile mostro.

La versione più famosa sulla trasformazione di Scilla è però un'altra. Questa seconda versione racconta che un giorno Scilla, mentre faceva una delle sue solite passeggiate vicino a Zancle, incontra sulla spiaggia una divinità marina di nome Glauco [Glaucus].

Glauco un tempo era stato un essere umano [human being], ma, per aver mangiato delle erbe magiche, era diventato immortale e si era trasformato [had transformed] in un essere per metà uomo e per metà pesce.

Glauco, rapito [taken, enraptured] dalla bellezza di Scilla, si innamora di lei a prima vista [sight], un vero colpo di fulmine*. Così, Glauco dichiara [declares, professes] il suo amore a Scilla, ma lei lo rifiuta [turns him down].

Glauco non vuole accettare un no come risposta e va dalla maga Circe, per chiedere alla maga una pozione d'amore da dare a Scilla. Circe, però, attratta dalle bellezze particolari, si innamora di Glauco appena [as soon as] lo vede.

In questo scenario da soap opera greca, Circe chiede a Glauco di stare con lei, di amare lei, e di dimenticarsi di quell'insignificante [meaningless] ninfa da quattro soldi [IDIOM: a "four-money" thing is a cheap, worthless thing].

Glauco, innamorato di [in love with] Scilla, non è interessato alle avance** di Circe e la rifiuta. Ora, se nel mondo dell'antica Grecia c'era qualcosa di più stupido che rubare al figlio di Zeus, quel qualcosa era rifiutare l'amore di una maga, specialmente se la maga in questione è Circe.

La fine della storia è molto simile alla versione precedente. La donna pazza di gelosia [crazy jealous] mette una pozione magica nell'acqua del mare dove fa il bagno Scilla, e quando la ninfa esce dall'acqua ha otto gambe extra e sei teste di cane che le escono dai fianchi [sides].

Di qui in poi le due versioni tornano a concordare [they go back to agreeing] sugli avvenimenti [happenings] successivi.

---

* "Colpo di fulmine", literally "lightning strike", is a common Italian idiom meaning "uncontrolled love at first sight".
** "Avance" can mean flirting, hitting on somebody or proposing to someone; as it comes from the French, it is pronounced "*aavaans*" (that's also the reason why the word doesn't change in the plural).

Scilla, trasformata in un enorme mostro marino con dieci gambe dalla forma di serpente, un corpo enorme e le sei teste di cane attaccate ai fianchi, si nasconde [hides] nell'acqua e raggiunge a nuoto le coste della sua Calabria, dove si ferma di fronte alla [in front of] zona abitata da Cariddi.

Così, da quel giorno, Scilla distrugge [destroys] tutte le navi che passano di lì, per sfogare [vent] la frustrazione per il suo triste destino.

E così, per il tempo a venire, Scilla e Cariddi sono state il peggiore incubo [nightmare] di tutti i marinai [sailor] che attraversavano [pass through] lo stretto di Messina.

La loro fama [fame] è diventata materia di leggenda [stuff of legend] e tutti i marinai hanno iniziato a raccontare storie su Scilla e Cariddi, storie che sono poi arrivate fino ai tempi nostri anche grazie alle opere [works] di Omero, Virgilio e Ovidio [Ovid].

Comprehension Exercises

1. Who was the first monster who started haunting the strait?

    A. Scylla
    B. Charybdis
    C. Scylla and Charybdis, at the same time
    D. Poseidon
    E. Glaucus

2. Who was Scylla originally?

    A. A nymph
    B. A god
    C. A slave
    D. A girl
    E. A fish

3. Who was Charybdis originally?

    A. A mermaid
    B. A woman
    C. A snake
    D. A naiad
    E. A titan

4. Do you think that Scylla and Charybdis deserved their fate?

    A. Yes, they both did
    B. Charybdis probably deserved it, but Scylla probably didn't
    C. Scylla probably deserved it, but Charybdis probably didn't
    D. No, they did not
    E. They deserved worse

5. Who turned Scylla into a monster, according to one version of the story?

   A. Zeus
   B. Poseidon
   C. Circe
   D. Glaucus
   E. Charybdis

6. Who turned Charybdis into a monster?

   A. Zeus
   B. Poseidon
   C. Circe
   D. Glaucus
   E. Scylla

7. Where was Scylla turned into a monster?

   A. In Calabria
   B. Near Zancle/Messina
   C. Near Palermo
   D. In the area of Reggio Calabria
   E. Near Naples

8. Cosa ha rubato Cariddi?

   A. Delle mucche
   B. Dei cavalli
   C. Delle galline
   D. Delle saette
   E. Dei buoi

9. Whose ship did Charybdis raid?

   A. Aeneas's

B. Zeus's
C. Geryon's
D. Heracles's
E. Glaucus's

10. Quante teste di cane escono dai fianchi di Scilla?

    A. Una
    B. Due
    C. Quattro
    D. Sei
    E. Otto

11. How many times a day does Charybdis eat?

    A. One
    B. Two
    C. Three
    D. Six
    E. Five

12. Come mangia Cariddi?

    A. Prende le navi con i suoi tentacoli
    B. Distrugge le navi sugli scogli
    C. Lancia saette contro i marinai
    D. Da fuoco alle navi
    E. Risucchia le navi nella sua bocca

13. Cosa chiede Glauco a Circe?

    A. Di stare con lui
    B. Una pozione mortale
    C. Una pozione d'amore
    D. Una statua

E. Di fare un selfie

14. Chi si innamora di Glauco?

    A. Scilla
    B. Circe
    C. Cariddi
    D. Poseidone
    E. Zeus

15. Who falls in love with Scylla?

    A. Geryon or Typhon
    B. Circe or Charybdis
    C. Glaucus or Poseidon
    D. Zeus or Heracles
    E. Amphitrite or Gaia

Answer Keys

1 → B

2 → A

3 → D

4 → B

5 → C

6 → A

7 → B

8 → E

9 → D

10 → D

11 → C

12 → E

13 → C

14 → A

15 → C

Chapter 14: La Leggenda delle Janas

Our next legend takes place in Sardinia. This is the legend of the Janas, one of the most famous Sardinian myths. Janas, which means "fairies" in Sardinian language, are described as little pretty ladies that can remind of some sort

of fairies or elves. They say that Janas have a complex personality, and they can either be nice or mean depending on the situation and on their intentions.

The legend of the Janas is also linked with a group of ancient ruins, from the Neolithic Age, that were found near the town of Galtellì, in the central part of the eastern coast of Sardinia.

These ruins are prehistoric chamber tombs, dated around the year 3000 B.C., and the archeological site is named Domus de Janas, which means "house of the fairies" in Sardinian Language.

These chambers are built like little houses, and their purpose probably was to provide the souls a place to stay that reminded them of their homes. Historians say that the people who lived there practiced a religion that was mostly based on the worship of the dead and of the ancestors, and that Domus de Janas was an important place of worship for that population.

The later inhabitants of that area also used Domus de Janas as a place of worship, for various religions, but, with time, the site was abandoned and people lost memory of its purpose.

This is considered to be the reason behind the Legend of Janas, as the new populations that started dwelling in that area were not aware of the purpose of the small chambers, and they might have thought that they were home to little creatures.

The legend that we're going to read is set in an imaginary time when humans and Janas used to live together, in harmony and mutual respect, exploiting the natural resources of the same land.

La Leggenda delle Janas

Le Janas sono delle fate che assomigliano [look like] a piccole donne, basse e molto carine, con dei seni [breasts] molto grandi e una voce sgradevole [unpleasant]. Vivono all'interno di piccole case scavate [dug] nella roccia e a volte formano piccoli villaggi come quello di Domus de Janas.

Abitano nella maggior parte dell'isola sarda [Sardinian], soprattutto nelle zone montagnose e boschive [tree-covered] dove ci sono rocce in cui possono costruire le loro case.

Una cosa importante da sapere sulle Janas è che possono essere buone o cattive, a seconda [depending] delle persone che incontrano e a seconda delle loro intenzioni e di quello che vogliono ottenere [obtain].

La storia che racconteremo ha avuto luogo [took place] nel piccolo paese sardo [village] di Irgoli, dove viveva un povero pastore con le sue capre [goats]. L'uomo era molto povero e possedeva [owned] solo un piccolo pascolo [pasture] in un'area rocciosa [rocky] con poca erba verde.

Le sue vecchie capre producevano poco latte e l'uomo faceva molta fatica* [struggled] a guadagnare [earn] abbastanza per sopravvivere. Anche se viveva da solo, i soldi non bastavano [sufficed, were enough] mai.

Il pascolo che l'uomo possedeva era riuscito a comprarlo per pochi soldi, perché nessuno lo voleva. Infatti, oltre a essere roccioso e ripido [steep], quel terreno [piece of land] era abitato dalle Janas.

Le Janas consideravano quel terreno come casa loro, e pensavano al pastore come a un uomo che usava il loro terreno a suo vantaggio [advantage]. Per questo, ogni notte le Janas svegliavano [woke up] le capre e le prendevano di mira con i loro scherzi [pranks].

Le capre, stressate e deprivate del sonno, producevano meno latte. Il pastore, per cercare di risolvere il problema, inizia a lasciare dei doni alle Janas, principalmente [mainly] latte di capra e pecorino, visto che non aveva molto altro da offrire.

Le Janas apprezzano [appreciate] i doni del pastore, che considerano essere un equo pagamento per l'uso della loro terra. Così, smettono di torturare le capre e iniziano a vivere in pace e armonia con il pastore, che continua ogni settimana a portare latte e pecorino alle piccole donne.

L'uomo, però, era già povero prima d'iniziare a fare questi doni alle Janas. Adesso la situazione era peggiorata [got worse], perché ogni volta che portava dei doni alle fate aveva meno prodotti che poteva vendere.

Molte persone direbbero che, alla fine, l'uomo aveva quello che gli bastava per vivere, ma lui era stanco di far fatica a sopravvivere. Così, un giorno, nel tentativo [in attempt] di trovare [find] una facile soluzione ai suoi problemi, decide di rubare delle capre che appartenevano ad un altro pastore.

Il giorno seguente, porta come sempre i doni alle Janas, ma quella notte le piccole donne svegliano e tormentano le capre come in passato. Il pastore, sorpreso da questo comportamento [behavior] che non vedeva da tempo, pensa che, ora che ha più capre, le Janas pretendono* più doni.

Così, il giorno successivo, il pastore porta alle fate il doppio dei doni. Durante la notte, però, le Janas attaccano nuovamente il gregge [herd] e tengono sveglie [keep awake] le capre.

Questo succede ogni notte, per una settimana. A quel punto, il pastore, costretto [forced] a trovare una soluzione, inizia a pensare che forse le Janas lo vogliono punire per aver rubato le capre.

Così decide di costruire uno steccato [wooden fence] e divide il gregge in due; mette da una parte le sue capre, e dall'altra quelle che ha rubato. Spera in questo modo di capire le intenzioni delle fate.

Quella notte, le Janas attaccano nuovamente [again] il gregge, ma prendono di mira solo le capre che il pastore aveva rubato.

Il pastore capisce che le fate volevano punire le sue azioni. Così, decide di restituire [give back] le capre che aveva rubato e torna a vivere in armonia con le Janas.

L'uomo ha imparato a essere felice di quello che ha, e che è importante vivere in maniera [way, manner] onesta pacifica con tutti.

* "Pretendere" can be considered one of those "false friends", as it looks like the verb "to pretend", but it actually means "to demand".

Comprehension Exercises

1. Are Janas good or evil?

    A. They're good
    B. They're evil
    C. They're above good and evil
    D. They can be good or evil, depending on the situation
    E. They're usually mean, but not evil

2. What does the protagonist do for a living?

    A. He's a farmer
    B. He's a shepherd
    C. He's a construction worker
    D. He's a teacher
    E. He's a merchant

3. Where do Janas Live?

    A. Inside sea rocks
    B. In the ground
    C. Inside rocks in mountainous areas
    D. Inside mushrooms
    E. In small wooden houses

4. What do Janas look like?

    A. They're tall and skinny
    B. They're short, with big breasts and an annoying voice
    C. They're short, ugly and overweight
    D. They're short, with big feet and a beautiful voice
    E. They're short, skinny and they have long blond hair

5. Quanto è costato il pascolo che possiede il pastore?

    A. Pochi soldi
    B. Moltissimi soldi
    C. Non l'ha pagato, era della sua famiglia
    D. Gli è stato regalato
    E. Nulla, l'ha rubato

6. Why did Janas give the man a hard time when he bought the land?

    A. Because they despised him
    B. To have fun
    C. Because he was a bad man
    D. Because he was using their land
    E. To drive him away

7. Come ha fatto l'uomo a fare pace con le fate?

    A. Ha iniziato a portare loro dei doni
    B. Ha portato loro dei soldi
    C. Ha regalato loro delle capre
    D. Ha sposato la principessa delle Janas
    E. Ha ucciso il re delle Janas

8. Why did the shepherd steal some goats?

    A. Because he had debts to repay
    B. Because he wanted to give them to the Janas as a gift
    C. Because he was tired of being poor
    D. Because he had the chance
    E. Because his goats had died

9. Cosa hanno fatto le Janas quando l'uomo ha rubato le capre?

    A. Hanno ricominciato a torturare le capre
    B. Hanno ucciso le capre

C. Hanno ucciso il pastore

D. Hanno ricominciato a rubare le capre

E. Hanno detto al proprietario delle capre che il pastore le ha rubate

10. What did the man do to try and stop the Janas from harassing his herd again?

A. He gave back the stolen goats

B. He gave them more gifts

C. He killed the goats he had stolen

D. He sacrificed a goat to the Janas

E. He tried to kill the Janas

11. Cosa ha fatto l'uomo, quando portare alle Janas più doni non ha funzionato?

A. Ha comprato un pascolo da un'altra parte

B. Ha chiamato un uomo per uccidere le Janas

C. Ha perso la speranza

D. Ha venduto le capre che aveva rubato

E. Ha diviso il gregge in due con uno steccato

12. Com'è finita la storia?

A. L'uomo ha comprato delle nuove capre

B. Il pastore ha costruito uno steccato per le Janas

C. L'uomo è tornato a vivere in pace con le Janas

D. L'uomo ha fatto un massacro delle Janas

E. Il pastore ha cambiato lavoro

Answer Keys

1 → D

2 → B

3 → C

4 → B

5 → A

6 → D

7 → A

8 → C

9 → A

10 → B

11 → E

12 → C

Chapter 15: Tre Leggende sul Diavolo

Welcome to the last chapter of the book! With our last story, we're still going to explore the world of Italian legends, but we wanted to end the book with a bang, so this time instead of a single story we're going to present you with a collection of three different myths that share the same protagonist: the devil.

Italy, we could say, is a rather religious country. This is true for historical reasons, and because of the proximity of Vatican City, which has played a significant role throughout time.

In the past, and we're roughly talking about the past two millennia, the people who have been living on the Italian peninsula were of Christian religion, with percentages that reached over 95% of the population.

Nowadays, that percentage has dropped to just over 80% (79% of which are Catholics), with 16% of the population identifying as atheists and less than 4% of the people practicing religions other than Christianity.

In this scenario, it is easy to understand that the Christian religion has deeply influenced the culture and traditions of Italian people. The vast majority of Italian traditional stories, in fact, are not really legends, but the narration of various miracles.

We chose to avoid this type of narrations so far, as they might not be for everybody, but for our final chapter we picked three stories that are not really considered miracles, but still have to do with the Christian traditions.

The first of the three stories that we're going to read took place in Rimini, a city that is mostly famous as a seaside resort, but in which lies a bridge whose story is the stuff of legend. The name of the bridge is "Ponte Tiberio", but local people call it "Ponte del Diavolo".

The second story is located in Pisa, the city that's famous for its leaning tower. Our story will actually take place not far from the tower, as the plot will rotate around the nearby dome.

The third and last story will be set in Milan, and it's the story of a column, dated around the year 200 A.D., which is called "Colonna Imperiale", but it's also known by the name of "Colonna del Diavolo".

Tre Leggende sul Diavolo

Il diavolo è una delle figure più ricorrenti nella tradizione popolare cristiana, descritto come un angelo caduto, malvagio [evil] e tentatore [tempter], che mette spesso alla prova [puts to test] la fede [faith] dei cristiani.

Molte sono le storie, i miracoli e le leggende che riguardano questa perfida figura; eccola prima delle tre storie che vedremo oggi.

LA LEGGENDA DEL PONTE DEL DIAVOLO

Il "ponte del Diavolo" è un ponte di epoca romana ufficialmente chiamato "ponte di Tiberio". La sua costruzione è iniziata sotto il governo di Augusto, nell'anno 14 d.C., ed è durata [lasted] tre anni.

Quando il ponte è stato finito, nel 21 d.C., Tiberio era già diventato imperatore, per cui il ponte ha preso il suo nome.

Questa struttura architettonica è una delle più belle costruzioni di epoca romana che si trovano a Rimini, assieme [toghether] con l'Arco di Augusto, con il quale condivide lo stesso marmo [marble] d'Istria*.

Il ponte rappresentava un punto strategico molto importante, perché da lì partivano le strade che portano a Piacenza e ad Aquileia.

La struttura è lunga circa settantacinque metri ed è leggermente [lightly, slightly] curvata, con la parte centrale che è più alta rispetto [than] alle due estremità. Il ponte è largo quasi cinque metri, e ai due lati della strada sono ancora presenti i due marciapiedi [sidewalks] costruiti dai romani.

La leggenda che coinvolge il diavolo è nata a causa di due tacche [notches] di forma circolare presenti sul ponte. Chi non crede alla leggenda dice che le tacche servivano per tenere una carrucola [pulley], usata per caricare e scaricare [load and unload] le barche nel fiume sottostante [underlying].

* Istria is a peninsula near the city of Trieste, which is in the northeast of Italy. The area, although once part of Italy, was lost after WWII and it's now part of Slovenia (for a small portion) and Croatia.

La leggenda racconta che ci sono stati dei problemi con la costruzione del ponte. Dopo aver costruito la prima metà della struttura, infatti, le nuove parti costruite continuavano a crollare [collapse, fall down].

Tiberio non sapeva come fare per risolvere il problema, finché [until] un giorno il diavolo si è presentato [showed up] di fronte a lui e gli ha proposto un accordo.

Il diavolo gli promette [promise] di aiutare a costruire un ponte indistruttibile, un ponte che potrà durare [last] nei secoli a venire, ma, in cambio [in return] il diavolo voleva la prima anima che attraverserà il ponte.

Tiberio accetta l'offerta e così il diavolo aiuta a costruire il ponte. Con il suo aiuto, il ponte viene finito rapidamente e il risultato finale è spettacolare. Il ponte è bellissimo, solido e molto resistente.

All'inaugurazione, però, Tiberio prova a barare [to cheat] e, prima di far salire le persone sul ponte, fa salire un vecchio cane malato [ill] e moribondo. Il diavolo voleva un'anima umana, ma non aveva specificato questa cosa quando hanno fatto l'accordo [agreement].

Così, il diavolo è costretto a prendere l'anima del cane, ovvero la prima anima ad attraversare il ponte. Furioso per quello che era successo, il diavolo decide di distruggere il ponte che aveva aiutato a costruire.

Il ponte però era indistruttibile, ed era stato il diavolo stesso a renderlo così resistente. Lucifero prova in tutti i modi a distruggere il ponte: calci [kicks], pugni [punches] testate [head butt]... ma non c'è niente da fare, il ponte non crolla.

Nonostante tutta la sua forza, il diavolo riesce solo a lasciare nel ponte due piccoli buchi con le sue corna [horns]. Sconfitto [defeated], rinuncia [gives up] a distruggere il ponte e si arrende [surrenders] alla mossa [move] brillante di Tiberio.

LA LEGGENDA DEL DUOMO DI PISA

Questa leggenda è ambientata [takes place] a Pisa, in Piazza dei Miracoli, cioè nell'area della città dove si trovano il duomo, il battistero e la torre pendente [leaning].

La storia è avvenuta intorno all'anno 1000 d.C., quando è stato costruito il duomo di Pisa. Quando l'edificio è stato finito, infatti, molte persone sono arrivate da tutte le parti d'Italia e d'Europa per vedere la bellissima chiesa.

Il diavolo, geloso della bellezza del duomo, decide di distruggerlo. Così, una sera, quando non c'era più nessuno vicino alla chiesa, il diavolo va in Piazza dei Miracoli con l'intenzione di radere al suolo [shave to the ground → wipe out] l'edificio.

Un angelo, però, scopre [discovers, finds out] le intenzioni del diavolo e vola sulla terra per impedire [stop, prevent] a Lucifero di distruggere la chiesa.

L'angelo e il diavolo iniziano così a lottare [fight] in un'epica battaglia [battle]. La battaglia dura per ore, ma alla fine l'angelo riesce a vincere. Così, afferra [grabs] lucifero per i piedi per rispedire [send back] il diavolo all'inferno.

Il diavolo però, nel tentativo di resistere, afferra le colonne del duomo per evitare di essere trascinato [dragged] all'inferno.

Alla fine, l'angelo riesce a rispedire Lucifero all'inferno, ma sulle colonne della chiesa sono rimasti i graffi [scuff marks] fatti dalle sue unghie [nails] in quell'epica battaglia.

I pisani [people from Pisa] dicono che è impossibile riuscire a contare quanti graffi ci sono sulle colonne, perché ogni volta che le conti arrivi a un numero diverso, prova che quei graffi sono stati lasciati dal diavolo.

LA LEGGENDA DELLA COLONNA DEL DIAVOLO

Questa leggenda ha luogo a Milano, di fronte alla Basilica di Sant'Ambrogio, dove c'è una colonna di epoca romana datata attorno [around] al terzo secolo dopo Cristo. La storia di cui parleremo è avvenuta [took place, happened] nella seconda metà del quarto secolo dopo Cristo, quando Sant'Ambrogio aveva circa trent'anni.

All'epoca Aurelio Ambrogio, era vescovo [bishop] della città di Milano e aveva appena [just] fatto costruire [have (someone) build] la basilica. Spesso, passava i pomeriggi a passeggiare davanti alla chiesa, per ammirare l'opera che aveva fatto creare.

Un giorno, mentre passeggiava vicino alla Colonna Imperiale, è comparso il diavolo, che ha iniziato a parlare ad Ambrogio per convincere il vescovo a passare dalla sua parte e iniziare a professare il male.

Il vescovo si è rifiutato di passare dalla parte del diavolo e ha dato a Lucifero un calcio [kick] nel sedere [bottom]. Il diavolo, furioso, carica [charges] il vescovo a testa bassa [headfirst].

Due angeli, che assistevano [witnessing] alla scena, scendono in aiuto ad Ambrogio e lo portano in volo in cima [on top] alla colonna.

In questo modo, Ambrogio schiva [dodges] il diavolo, che sbatte [hits] contro la colonna con le corna e rimane incastrato [stuck].

Lucifero rimane incastrato per un giorno intero, poi scompare attraverso [through] la colonna. Sulla base della colonna, sono rimasti i buchi fatti dalle corna del diavolo, e sono visibile ancora oggi.

C'è chi dice [there's who says, someone says] che il diavolo è riuscito a liberarsi [free himself] perché ha creato un passaggio per l'inferno all'interno della colonna. Ancora oggi, dicono, il passaggio è aperto e, se ti avvicini [get yourself close, place yourself near] ai buchi puoi sentire l'odore di zolfo [sulfur] e i rumori [noises] che vengono dall'inferno.

Altri dicono che sia la metropolitana.

Comprehension Exercises

1. Under what Roman emperor did the construction of Tiberius Bridge start?

    A. Caesar
    B. Tiberius
    C. Augustus
    D. Diocletianus
    E. Romulus

2. What can you find on the two sides of the bridge?

    A. Hedges
    B. Flowers
    C. Trees
    D. A net
    E. Sidewalks

3. What did Tiberius do in order to be able to finish the bridge?

    A. He made a deal with the devil
    B. He bought more slaves
    C. He bribed marble workers
    D. He started a war
    E. He adopted a young boy

4. Who dies in the story?

    A. Tiberius
    B. The devil
    C. The mayor of Rimini
    D. A dog
    E. A construction worker

5. How come the devil is not able to destroy the bridge?

    A. Because they used holy water to build it
    B. Because two angels defend the bridge
    C. Because he built it himself and it's indestructible
    D. Because the men defend it
    E. Because Zeus interferes

6. What mark did the devil leave on the bridge?

    A. Scuff marks
    B. Bite marks
    C. Three holes
    D. Horn marks
    E. Hoof marks

7. What happened to the bridge?

    A. The devil destroyed it
    B. It was destroyed during a war, a few years later
    C. It was bombed during WWII
    D. It was demolished to build a bigger one
    E. It's still there

8. Why did the devil want to destroy the Dome of Pisa?

    A. Because he didn't like it
    B. Because it was wonderful and he was jealous
    C. Because it blocked the entrance to hell
    D. Because he wanted to build his summer house in that place
    E. Because it was the request of a man who made a deal with him

9. Who stops the devil from destroying the dome?

    A. An angel
    B. Two angels

C. God
D. The bishop
E. Three angels

10. Why is it said that the marks on the dome must have been left by the devil?

    A. Because they're huge marks
    B. Because the scene was seen by the bishop
    C. Because they emanate evil
    D. Because if you drop holy water on the marks it instantly evaporates
    E. Because it's impossible to count them

11. How did the devil leave the marks on the dome?

    A. He was hit the church to destroy it
    B. He used a chisel
    C. He grabbed and held to the columns during the fight
    D. He was trying to escape from the church
    E. He hit the column with his head

12. Why was Saint Ambrose near the Imperial Column?

    A. He was looking for the devil
    B. He was admiring the column
    C. He was out on a stroll
    D. He was admiring the church
    E. He was going to mass

13. Why did the devil want to talk to Ambrose?

    A. To talk about a deal they had made
    B. To talk him into joining his side
    C. To declare war

D. He wanted him to forward a message to the angels
E. He wanted to know the at what time was mass

14. What did Ambrose do to the devil?

    A. He kissed him
    B. He slapped him
    C. He broke his horns
    D. He kicked his butt
    E. He gave him a new haircut

15. Why did the devil hit the column?

    A. Because he wanted to destroy it
    B. Because he wanted to open a gate to hell
    C. Because Ambrose dodged his charge
    D. Because the angels pushed him
    E. Because he didn't see it

16. What can you notice near the column?

    A. Smell of flowers and sounds of birds
    B. Smell of water and sounds of the ocean
    C. Smell of dog urine and sounds of Italians cursing
    D. Smell of sulfur and hellish sounds
    E. Smell of food and the sound of music

Answer Keys

1 → C

2 → E

3 → A

4 → D

5 → C

6 → D

7 → E

8 → B

9 → A

10 → E

11 → C

12 → D

13 → B

14 → D

15 → C

16 → D, also C

Conclusion

"Nessuna lingua più dell'italiano ha tanti modi per non dire niente."
- David Leavitt

Congratulations on finishing the book! We hope you liked the stories and learned some useful vocabulary.

It's now time to evaluate your progress and plan the next steps to keep improving your language skills. With this book, you should have learned a variety of new vocabulary and a few useful idiomatic expressions and particular constructions.

You were also presented with some new grammar elements, as a small anticipation, which you will target more specifically in your future studies. In addition, the type of language that was used showed you how to articulate complex sentences and how to get around your current gaps using the grammar you already know.

Now you should be able to express yourself more effectively, and to understand a wide variety of Italian sentences in several contexts. Also, you should now be able to read children's books in Italian without issues, as well as all simplified versions of Italian books (that target your current A1/A2 level).

Complementing Your Learning

As we have mentioned, this book was developed in combination with two more books, a phrasebook and a grammar workbook, which together make up our personal set of books for adult beginners.

This collection of short stories is designed to complement the other two books, to provide you with a complete approach to the basics of the language. If you have not used the other two books yet, you should consider taking advantage of them to consolidate your knowledge of the language.

Let's now quickly discuss how to target the aspects of the language that cannot be learned with a book. In this category we can list pronunciation, listening skills and timing.

Pronunciation is always one of the most difficult parts of learning a language; the best ways to target pronunciation effectively are listening to Italian content and practicing with an Italian speaker. The best sources, as mentioned before, are people who studied diction, such as actors, dubbers, and people who work on the radio. The best way to practice with Italian speakers, if you don't know any in person, is to join a language-exchange community. There are a number of these communities, both in physical places and online, through websites or apps.

The same can be said for listening skills. In both cases, it can be particularly useful to learn the correct pronunciation and sound at the very moment you learn a new word. To help you in this, we have available for you audiobook versions of all of our books, which you can play as you read, in order to maximize your learning efforts.

The last element we mentioned is timing. Timing is a fundamental element in languages, and this is true on two different levels. Timing is rarely a factor when reading, as the speed is only up to you. When listening and talking, on the other hand, you cannot always pause and go back, or slow down the speed. So timing becomes a factor. Also, there's a second level to timing, which is the intrinsic timing of a language. In any language, pauses are just as important as sounds. Think of comic timing, or of how accents can vary depending on the speed of pauses when speaking. Sometimes focusing on timing can make a good practice session to improve your listening and speaking skills.

Recommended Books From Italian Authors

If you enjoyed reading in Italian, let's explore some options for your next read. As we said before, once you finish our three books for beginners, you should be able to read any book for beginners that you can find in bookshops and online.

The best choice you can make is to choose a type of book that you like, with a plot that sounds interesting. You can learn from basically any source, but if you like what you read, you'll be much more motivated.

With this being said, let's name some books and authors, choosing from the best Italian classics and from the funniest Italian books.

I promessi sposi - by Alessandro Manzoni

This is considered to be the first book ever in current Italian, and it's a historical novel that narrates the story of two young lovers who go through numerous adventures to fight to stay together.

La Divina Commedia - by Dante Alighieri

The divine comedy is one of the most famous books in the world. It's the story of a man who travels through hell, purgatory and paradise.

Il Decamerone - by Giovanni Boccaccio

It's a nice collection of short stories written in the 14th century.

Luigi Pirandello

This author wrote several books of significant quality, including "Il fu Mattia Pascal", particularly funny, "Sei personaggi in cerca d'autore", "Così è se vi pare", and "Il gioco delle parti"

Italo calvino

This author wrote several great books, of which three are particularly famous: "Il visconte dimezzato", "Il barone rampante" and "Il cavaliere inesistente". These fantasy books make up a trilogy and are very funny.

I malavoglia - by Giovanni Verga

It narrates the misadventures of a family of fishermen that goes through a shipwreck.

Se questo è un uomo - by Primo Levi

The autobiographical experience of a Jewish man taken to a concentration camp during WWII. It includes deep and mind-opening thoughts on the human condition.

La coscienza di Zeno - by Italo Svevo

It's a psychological novel that rotates around the thoughts of the protagonist and his alleged illness: ineptitude.

Il nome della rosa - by Umberto Eco

This book can be considered a sort of crime book and it recounts the events that happened in an old monastery.

Bar sport - by Stefano Benni

This hilarious book is a collection of short stories that portray surreal and nonsensical situations that take the reader on a rollercoaster of fun. A very similar book "Il bar sotto il mare" was also written by the same author.

Italian Verbs Cheatsheets
Master Italian Verbs Today!

Scan QR code above to claim your free bonuses!

—————————————— OR ——————————————

visit exploretowin.com/italianbonuses

Ready to Sound Like an Italian Native?

Inside these 3 adult beginner-friendly Italian verbs cheatsheets, you'll find:

- ✓ Practical tenses for the most common Italian vocabulary
- ✓ Charts to help you master the conjugation of common Italian verbs
- ✓ Exercises to help you practice conjugating verbs in any tense

Scan QR code above to claim your free bonuses!

—————————————— OR ——————————————

visit exploretowin.com/italianbonuses

Made in United States
North Haven, CT
06 September 2023

41209556R00098